單身女子必修的27堂課 修訂版

從尋找真愛到美滿婚姻的成功之路

紐約時報暢銷書
《順服的妻子》作者

蘿拉朵依爾 Laura Doyle 著

陳彬彬 譯

Contents 目錄

這本書對於想要重新獲得親密關係的女性朋友來說，是既珍貴又實際的工具書。

——約翰葛瑞（John Gray）《男人來自火星，女人來自金星》（*Men Are from Mars, Women Are from Venus*）作者

朵依爾所帶領的成員發誓這個方法真的有效……

——派翠絲艾波達卡（Patrice Apodaca）《洛杉磯時報》（*Los Angeles Times*）

一個深思熟慮後的哲學……朵依爾試圖領導一次運動，這種運動真實不造作，它會深入社會，並且讓我們徹底的改頭換面。

——《橘郡記事報》（*Orange County Register*）

前　言

為戀愛學分做準備

The Way You Always Wanted Things to Happen

要一個人去愛另一個人，
這可能是最困難的任務了，
這是最終的試煉與驗證，
其他的都只是在爲這項任務作準備罷了。

——里爾克（Rainer Maria Rilke）

在我出版第一本書《順服的妻子》（*The Surrendered Wife*）以後，還沒結婚的女性也來問我，她們怎麼樣才能找到既親密又熱情的關係？

於是我在客廳開課教授「如何當一個順服的單身女性」，幫助女性朋友練習順服的原則，使她們更有魅力，更受到男士矚目。

什麼是「順服的單身女性」？她要順服於誰？又必須順服哪些事？

一個順服的女性如果想吸引心儀的男人，想和他們建立親密的關係，她會知道自己不可以去控制雙方關係，她不能決定其中哪一個會來約自己出去，對方又會怎麼開口邀約，是透過打電話還是寫E-mail？什麼時候才會來約？她當然也不能決定對方想不想和自己定下來，一個順服的單身女性可能曾經不自覺的想操控全局，強求一段感情卻不盡如人意，最後終於決定投降當個順服的單身女性。

順服的單身女性不會到處獵取白馬王子，她自然會吸引白馬王子的目光。

她在第一次約會的時候會刻意保持沉默，以便多知道一些對方的事情，看看自己是不是真的喜歡他，而對方是不是也對自己有好感。

她會拋開審核對方的心態，管他一個好男人應該具備什麼樣的條件，她知道和不完美的男人約會也可以有幸福快樂的感覺，如果只想找一個完美男人才肯約會，她註定一輩子要孤獨一人。

順服是要謹守一些基本原則來幫助妳改變原先交往的習慣與態度，一開始妳可能覺得害怕，因為妳可能會認為順服是一種示弱，自己似乎屈居下風，不過順服的結果卻很可觀：妳對約會的恐懼將會漸漸消失，妳會找到一個很棒而且很適合妳的男人，妳會成為一個備受寵愛的女人，妳不再一個人孤孤單單的過日子。

妳會和一個好男人建立親密和諧的感情。

放棄控制，找回信心

浪漫有一個不變的真理：妳無法控制在何時何地、在什麼情況下墜入情網，妳甚至不知道自己會愛上誰，正因為愛情是捉摸不定、難以理解的謎，是一件無法預知的事情。

每個愛情故事的初次邂逅都有些愉快驚喜的成分，男女雙方通常都不知道會在哪個時間、地點遇見對方，愛情不會特定發生在星期三，也許會發生在速食店，男女來電不單是因為一起吃零食很愉快，更不是因為一起看棒球第九局延長賽的緊張氣氛。

馬拉原本不打算和好朋友的同事談戀愛，但後來他們快樂的結婚生子了；潔西卡不知道自己竟然在健身房認識未來的老公，早知道當初在出門前就先塗上口紅；莎拉在解除婚約以後有好長一段時間不想約會，但是她的朋友介紹另一個朋友給她，兩人後來竟然就結婚了。

這些女性都沒有預期自己就這樣遇見情投意合的人，她們雖然不知道何時何地會找到真愛，但是都相信茫茫人海中會有一個適合自己的男人，只要保持樂觀開放的信心，就有邂逅對方的機會。

妳就是要有這樣的信心，不要排除愛情發生的各種可能性。

也許妳覺得這個方法對其他女性有用，但這種事很難發生在自己身上，妳不相信保持信心就可以找到愛情。

請妳再想想，給自己一個機會。

保持信心的生活，妳會有無限的驚奇，期待白馬王子並不代表我們就是軟弱無能，我們只是停止害怕未來的不確定性，進而擁抱不可知的未來。

妳的夢中情人很可能和原先設定的不一樣，他的聲音長相可能都不是妳想像的樣子，信心只是讓妳敞開心胸去約會，不管結果是多麼沮喪挫敗，妳都還可以保持信念，相信終究會遇上一個最適合自己的男人。

對於那些一向自己掌控生活，凡事都希望按照計畫進行的女性朋友而言，這樣的概念可能很難接受，未來的不確定性會讓她們覺得不安，看似艱難的長途跋涉本來就需要保持樂觀的信心。

許多女性之所以找不到另一半，有一部分就是因為缺乏信心，另一部分則是害怕不可知的未來。

妳，害怕約會嗎？

每個人做一件事通常有兩個理由：一個是好的理由，另一個是真正的理由。

——卡萊爾（Thomas Carlyle）

獨立堅強的新女性一聽到我說她們缺乏信念，所以才找不到伴侶，她們就會轉動著眼珠子，完全不認為自己在害怕約會，畢竟她們一手建立起自己的事業，也有很棒的朋友圈，她們交往過成打的男人，甚至還獨力撫養一個小孩，她們不但能幹，而且熱情有活力，此外，她們已經受夠了「保持信心」這回事，因為這麼做也沒有任何收穫（至少她們覺得沒什麼用），事實上就是「信心」這兩個字讓人倉皇失措，信心就像她少女時期的第一件黑色性感洋裝，到現在可能早已變形不合身，信心也像那雙為了約會才買的漂亮高跟鞋，穿久了難免殘破不堪。

有這種反應是可以理解的，當我們相信某些好事會發生，可是期待卻一次次落空，對於愛情的發生我們毫無能力掌控，期待越久失望可能就越深，明明覺得世界上一定會有個適合自己的男人，可是怎麼也找不到這個人，還有什麼比這種情況更讓人沮喪的呢？女性只好自我反省，是不是自己有什麼問題才會導致屢戰屢敗？

為了保護自己，單身女性想出一個有趣的方法來解決窘境，她認為要找的對象必須具備一定的水準，於是她把好男人必備的特質列成清單，從父母親會認可的條件先列，接著再列出朋友們也會喜歡的特點，只不過這樣的清單會變得嚴苛無比，而且很不恰當，因為符合這些條件的男人不見得就是她真正喜歡的男人。

設限過高會導致潛在的追求者都無法符合她心目中的完美男人，這等於用各種條件去構築一幅複雜的拼圖，沒有任何一個男人剛好完全吻合的被放入拼圖裡面。這麼做當然找不到適合的對象。於是妳開始絕望，以為世上根本沒有適合自己的另一半，但其實妳只是害怕受傷，拒絕相信其實任何一個男人都可能是那個對的人，妳原本求好心切的預設尋偶條件，藉此掩飾可能交往失敗的恐懼，但是條件過苛的預設立場也會妨礙妳尋找真愛，讓妳喪失繼續追尋的勇氣。

沒有人希望在交往的過程心碎，所以想盡辦法保護自己是可以理解的。可是想找個伴侶卻一再失敗的感覺也很糟，如果妳把潛在的對象拿來和預設條件一一核對，最後往往徒勞無功，順服的意思就是要放棄預設的條件清單，給自己一個機會去認識不在預期中的對象。

當我們學習順服，放棄事先篩選不合格的對象，徹底克服心底的恐懼以後，我們就可以審視內心最渴切的到底是什麼，其實就是一個親密的伴侶。

控制慾衝擊親密感

如果妳曾經斷斷續續約過幾次會，但是沒有一段關係可以穩定長久，妳可能會自我安慰那是因為沒有遇到對的人，不過也有可能是妳因為心裡害怕才沒有繼續交往下去，或者妳沒有用足夠的時間去發掘這些男人是否就是自己的真命天子。

妳可能因為害怕心碎而提早抽身，來不及醞釀雙方親密的情感互信與承諾，妳以為早點放棄可以減少不確定感，甚至覺得身體上的親密都比心靈上的親密還安全，一旦付出真感情就很容易受傷，所以妳寧可放棄對愛情的期待，轉而尋求短暫的性愛關係。

這一切和控制慾有關。

如果妳覺得自己喜歡的男人都不來約妳，所以妳很久沒有出去約會，這就是妳試著控制「誰」才是妳的約會對象，妳的注意力太集中在某一個人身上，偏偏他對妳沒有來電的感覺，妳會因為一直在意他的舉動而忽略了其他約會的可能性，為了他妳儘量不和其他男人有眼神相對的機會，妳拒絕陌生的約會或相親，妳可能在別的男人上前向妳要電話之前就急忙跑開，這些都是妳為了保護自己，試著主控整個情勢。

也許妳現在已經有一個固定的男朋友，但是妳希望男朋友可以變得更好，比如說他可以學著和妳一樣愛乾淨，他可以賺更多錢，他可以再浪漫一點，他應該進一步向妳求婚，這些看起來很容易也很吸引人，雖然像是要掌控別人的生活，不過妳告訴自己這些都是為了兩人幸福快樂必須負的責任，這樣才能讓彼此關係更密切。

不管妳是如何去掌控雙方關係，希望生活按照自己預期的方式進行，最後的結果都一樣：原本甜蜜浪漫的關係會消失，到後來只剩下寂寞和筋疲力盡而已。

排解寂寞和疲憊的良方

在我出版第一本書《順服的妻子》（*The Surrendered Wife*）以後，還沒結婚的女性也來問我，她們怎麼樣才能找到既親密又熱情的關係？她們也和我一樣，了解自己總是有支配統治的傾向，她們也認同我主張的理念，知道控制慾其實正是親密和諧的殺手。

這些未婚女性很不願意承認這個事實，但是她們強烈的操控慾就像我描述的婚姻生活一樣，到頭來都充滿著疲憊孤單的感覺。所以我知道要解決未婚女性在尋愛過程的無力感，也和太太想找回夫妻間的親密感一樣：唯有順服才能重獲浪漫熱情的互動。於是我在客廳開課教授如何當一個順服的單身女性，幫助女性朋友練習順服的原則，使她們更有魅力，更受到男士矚目。順服可以有效的培養和情人間的親密感，我已經觀察過好幾千名女性朋友這麼做，她們都是因為放棄控制而挽救了婚姻危機。

許多能幹的職業婦女來我家上課卻非常害怕，其中一位還說：「我寧可雙手雙腳都骨折受傷，也不願再一次因為感情受創而心碎了。」我可以看到她們因為害怕受傷所以努力想控制一切，她們決定給哪些男人機會，希望可以規定約會怎麼進行，她們以為只要事先避免無法克服的障礙，只選擇條件完美的好男人約會，就可以預防遇人不淑的心碎，她們甚至一開始還否認自己想要找個伴定下來。

未婚女性之所以這樣做，完全是為了保護自己不要示弱居下風。

放下武裝，贏得愛情

如果想求得心靈平靜，就不要當操控宇宙的總理。
——佚　名

簡單來說，示弱就好像把自己的內在暴露出來，這讓不少人覺得害怕，我特別了解這樣的心情，因為我自己也是過來人，以前我怕死了被男人傷害，以為最好的方法就是主動掌控一切，我相信只要操控每件事的結果，我就會比較有安全感。

過去有不少女性想藉由控制來保護自己，結果往往大失所望，也許妳剛剛經歷悲慘的離婚，或是看到父母親決定分居，也許還不用這麼強的戲劇性就可以讓妳痛苦萬分，例如妳的初戀男友移情別戀等等，這類的事情會讓女性有一種錯覺，以為我們下次先做好預防措施，只要控制得宜就不會再導致心碎。

事實上這是不可能辦到的事，女性一旦想控制身旁的人，首先她破壞了兩人的親密感，其次，她還是無法保證到頭來會不會依舊是一場心碎，然而如果採取順服，心碎的機率卻很可能降低，我會在第二十一課告訴大家原因。

以前我喜歡替先生決定他什麼時間該午睡，到墨西哥應該怎麼殺價，應該買哪一種吉他音箱，為了想「幫助」我先生，我幾乎毀了我們的婚姻，在我掌控的背後其實是一種害怕的心情：我怕先生太累，怕他花太多錢，怕他買了和家裡擺設格格不入的音箱，經歷一次差點毀掉婚姻的危機，卻讓我逼自己學會順服，我很高興學會了自己其實不能改變他人，但是卻可以改變自己，想要改變自己的另一半不但是浪費時間，同時也扼殺了婚姻。

我同時發現當我改變自己，願意示弱居下風，我先生對我的態度也跟著不同。示弱讓我們毫不帶刺的彼此靠近、相互吸引，這對伴侶而言就是最好的禮物，它是一種無言的讚美：我知道當我放下盔甲，你會對我更溫柔，我相信不需要武裝自己，因為你會給我安全感。如果有人給我這樣一份禮物，我一定會直覺的對她呵護備至，讓她知道我很榮幸可以去疼惜她。

示弱無形中讓我吸引對方的關注，表現強勢的主控反而達不到這種效果。我認同美善的人性，相信人與人之間應該有信賴感，想要表現完美其實是想保持防衛，武裝自己會讓其他人看不到妳真實的一面，也就無法愛上妳。

當妳的順服引起對方注意，他只會對妳充滿同情憐愛，當妳對仰慕者放棄控制，學習順服他的追求方式，妳反而消除了先前的阻礙，獲得妳一直想擁有的愛情。

展現女人的力量

自盤古開天以來，人類就需要一個在你深夜未歸，會惦記你在哪裡的伴侶。

——瑪格麗特米德（Margaret Mead）

女性會藉著誇耀自己的獨立性，來保護自己免於失望、受傷的情緒，她常常告訴自己，像「我不需要任何人照顧，我自己就可以處理這樣的事情」。力量當然是一件很好的事，但是太過冷靜的獨立常常流露出「拒人於千里之外」的訊號。

並不是說女性就不能扮演男性陽剛好強的角色，如果是在職場上，女性當然可以和男人一樣堅強能幹，這可以幫助她在工作上勝任愉快。

但是女性還有陰柔的另一面，像是溫柔細膩、脆弱善感、樂於接納，這些特質讓女性樂意接受異性邀約的晚餐，讓男伴送自己回家，一起討論、思考，接受對方的照顧和擁抱，享受被呵護、疼惜的滋味……這些也都是女性的特質。既然女人味才是讓男人深深著迷的特色，這些特質也就成為女性會吸引合適對象的要素，順服就是要明瞭自己身為一個女人，應當具備女性的精神、身體和靈魂。

約會的時候也要善用女人味，當妳離開辦公室，妳就應該放下工作時的頤指氣使（甚至一些工作上的社交應酬也該放下強悍的態度），暫時擱下野心抱負，讓自己放輕鬆，優雅的展現女性的氣質，妳會擁有女人的魔力，可以像磁鐵般的吸引男人的注意，男人會欣賞女人的舉止優雅，氣味芳香，喜歡妳婀娜多姿的體態和迷人的聲音，這些特質在約會的時候，可比萬事通小姐或精明女強人更受到男士歡迎。

展現女性的溫柔也可以讓男士有機會表現他的陽剛力度，讓他請妳吃飯，等於給他機會表現慷慨大方，讓他覺得有能力取悅妳，他會覺得和妳在一起很榮幸也很開心，如果妳以各自付帳來婉謝他請妳吃飯，對方會覺得妳拒絕的是他這個人。如果妳想的只是超越他或是和他打成平手，這就成了同儕競爭，他會覺得妳是一個哥兒們，而不是一個準備接受傾慕和寵愛的女人。妳的強勢會讓男人覺得自己多此一舉，懷疑自己幹嘛要雞婆的想替妳做些什麼。

男人如果可以帶給女人快樂，他會覺得自己更像男人，也越來越有自信，男人希望看到女人柔軟的一面，這樣他們才能展現自己強勢的一面，只要我們保有女性特質，就等於賦予男人光輝耀眼的男子氣概。

男人和女人具備不同的特質，順服的接受男人的陽剛和女性的陰柔，妳就可以享受兩性契合的快樂。

名作家詹姆斯桑伯（James Thurber）曾經說過：「我喜歡世界上有男女兩種性別，難道你不喜歡嗎？」

謹記順服的基本原則

最後我失去掌控一切的興趣，我不再希望事情應該如我所願的進行，我開始學著向宇宙萬物順服，看看「它」希望我應該怎麼做。

——夏克蒂葛文（Shakti Gawain）

「順服」這個名詞乍聽之下很可怕，好像我們打輸了一場仗，或是本性懦弱才會去順服別人，但是用在人際關係上，順服就是一個很簡單的道理，順服是了解我們無法改造他人，唯一可以改變的是自己的態度，一旦自己改變了，人與人的相處模式也會有很大的改變。把「順服」當成妳的至理名言，遠比期待白馬王子更有效，不要再猜想誰會走進妳的生活、他會是什麼樣子、他什麼時候出現？

做一個順服的單身女性，有以下幾個基本原則：

◆了解自己真心想找一個適合自己的男人，希望自己可以吸引他甚至嫁給他。
◆放棄「尋找完美男人」這種不切實際的想法。
◆樂於接受男士讚美、小禮物、好心的幫助等等，假設時間許可，就優雅的答應他們的邀約。
◆不給自己攬一堆責任，專注於追求自己的快樂和滿足。
◆放棄控制異性追求的進展程度。
◆儘量示弱沒關係。
◆結束那些不會有結果的交往，努力實踐想要結婚的願望。
◆在冒險前先評估一下安全性。

順服的單身女性會有以下轉變：

◆以前謹慎拘束的，現在心胸開放。
◆以前憤世悲觀的，現在樂觀而且充滿希望。
◆以前太強勢的部分，現在變得溫柔女性化。
◆以前充滿攻擊性，現在變得親切優雅。

◆以前表現優越感，現在懂得尊敬別人。

單身女性一旦學習順服，就不會控制男人應該怎樣表達情感，如何示愛或承諾要定下來，她知道硬逼對方承諾不會有深刻的意義，這就好像強拉著別人的手去做一件事，只會讓人覺得緊張沮喪，還不如讓他自己決定應該怎麼做會比較自然。順服的單身女性會避免對心愛的男人做出像最後通牒、嘮叨、批評或糾正等等的舉動，她知道自己沒有辦法改變他人，犯不著做這些事來賠上彼此的親密感。

一個順服的單身女性不會對男人或約會抱著負面的態度，她知道尋找感情的過程難免有風險，但是當中也會有愉快美好的層面，她會放棄否定的想法，以前她喜歡否定一切來保護自己，例如：

◆好的男人怎麼還會單身？這個世界上根本沒有男人適合我。

◆我已經太老了，沒辦法吸引男人注意。

◆約會實在太麻煩了。

一開始練習順服會覺得既彆扭又害怕，但是又怎樣？這種感覺並不會要人命，相較於可觀的成果來說，這根本不算什麼。

小測驗

面對真命天子，妳是否具有吸引力？

		很少	偶爾	經常
01	妳是否會評估對方的外表、經濟狀況，教育程度，只選擇符合標準的男人約會？	□	□	□
02	妳會不會主動約喜歡的男士出去玩？以便給彼此多點機會？	□	□	□
03	妳是不是相信如果妳再漂亮一點、年輕一點、苗條一點，就可以吸引對方注意？	□	□	□
04	妳是不是認為這年頭結婚太危險，因為有太多人結了婚還不是又離婚？	□	□	□
05	妳是不是覺得自己的工作、交友、興趣都無法實現？	□	□	□
06	妳是否一直維持著男女朋友的關係，不去想將來會不會結婚？	□	□	□
07	妳私底下是不是覺得自己比約會的對象聰明？	□	□	□
08	和男人分手或離婚的時候，妳是否感覺遺憾？	□	□	□
09	妳是否覺得結婚之後會犧牲掉很多原本喜歡的事？	□	□	□
10	妳是否在男人還沒有確定要和妳交往前，就先和他發生性關係？	□	□	□
11	為了表達愛意，妳是否會主動幫男人做一些事？例如幫他跑腿、打掃房間、幫他寫履歷表等等？	□	□	□
12	妳是否覺得要找個可以相信的男人很困難？	□	□	□
13	是否很久都沒有男人約妳出去玩？	□	□	□
14	妳是否希望在約會之前，先和對方作朋友？	□	□	□
15	妳是否覺得自己在工作的時候比約會還要有自信？	□	□	□
16	妳是否會和朋友一起嘲笑男人的懶惰或不成熟？	□	□	□
17	如果妳之前因為信任直覺卻失望很多次，如今又面對一個很浪漫的對象，妳是否因此不再相信直覺？	□	□	□
18	妳是否會謝絕讚美（例如謙稱：這衣服太舊了，一點也不美）或是拒絕對方禮物（這個太貴重了，你不該買這個送我）？	□	□	□
19	妳是否認為好男人都很無趣？	□	□	□
20	妳在約會的時候，會不會要求各自付帳？	□	□	□

□「**很少**」為5分；□「**偶爾**」為3分；□「**經常**」為1分
將所得分數加起來即可得到總分（應在20至100分之間）

40分以下：妳一直自我設限

妳希望能遇上適合自己的男人，但是妳因為害怕失敗，總是不自覺的拒人於千里之外。妳值得有人疼愛，讓妳覺得快樂，所以請讓他接近妳，試著用愉快的心情接受機會，讓別人知道妳還是單身可追。學會自我照顧，擺脫前任男友的陰影，就算妳曾經心碎過幾次，妳還是可以一邊學會保護自己，一邊走出封閉的象牙塔，否則妳永遠無法得到妳渴望的感情。

41～65分之間：把自己武裝起來不會比較好過

妳不喜歡示弱居於下風，但是妳並沒有完全穿上盔甲把男人隔絕在外，當妳不設防的時候，男人會注意到妳，和妳聊天調情，然後妳就會開始緊張的武裝自己，甚至溜走逃避，想要留住那個對的人，除非他有雙跑得飛快的球鞋才追得上妳，要不然妳就必須學著站定不動，試著大方的接受約會，練習和對方交往看看。

如果妳現在已經有對象，或許妳常給對方模稜兩可的訊息，讓對方搞不清楚妳究竟喜不喜歡和他在一起，請大方優雅的接受對方的讚美，收下對方的小禮物，表達妳的渴望，聽從妳的直覺，當妳很想掌管一切的時候請讓自己學著順服、放輕鬆。

66分以上：時間不遠了

妳是一位相當迷人，充滿魅力的女性，男人很快就會注意到妳並且對妳有反應，妳可能正在和一個很棒的男人交往，要不然在讀完這段文章之後，妳可能就會遇上一個很棒的人，妳願意敞開心胸冒險一下，但是妳懂得冒險前先設定界線保護自己的安全，妳不排除各種機會，願意讓對方帶領約會，妳應該很快就能找到一段熱情親密的關係。

慢慢改變自己

重大的成就不是一蹴可幾的，它是埋入日常生活的種子，經過每天的例行工作，才能結出豐碩的果實。

——威廉費瑟（William Feather）

並不是一開始順服馬上就能看到成果，妳必須等待一段時間醞釀，成功不會在一天之內發生。

當費歐娜第一次來參加我們替未婚女性開設的順服班，她不認為喜歡控制別人會是她的問題，她覺得自己只是還沒有遇到對的人，她覺得南加州的人太膚淺，他們往往只重視外表，不過她承認這一路走來常常覺得疲憊孤單，防禦心也很重，所以她同意嘗試幾項順服的技巧，例如遇到人要微笑，要接受約會的邀約。

她同時告訴我們一個發生在工作上的浪漫小插曲，「他真的很迷人，但是我和他是不可能的，一來他太年輕，二來他抽菸」，費歐娜承認這段插曲讓她覺得自己很有女人味，而且讓她感到興奮刺激，所以她決定不強求什麼，靜待事情發展。同時她也告訴朋友自己目前單身，不排除朋友介紹相親，她還參加網路交友，在這之前她已經有好久都不曾約會了，但現在她一個星期約會一次到兩次。

費歐娜很驚訝自己還滿喜歡這種新生活，她忍不住和大家分享：「我以為約會很煩人，但是當我學著只接受約會的美好，不要去控制任何事情，約會的壓力就不見了，一切變得輕鬆好玩，約會的時候我當然還是有點緊張害怕，但同時我也興奮快樂極了。」

有一次約會費歐娜想伸手去拿帳單，這樣對方才不會認為自己想占便宜，不過後來她忍住了，她的男伴似乎很高興請客，費歐娜第一次了解她可以優雅的接受對方好意，而且她還滿喜歡被請客的感覺。

經過這次約會經驗，她決定試試另一種順服，費歐娜和男方交談的時候不再主導聊天的內容，她學會安靜的傾聽，這樣可以清楚的聽到自己內心的想法，同時也能聽懂對方的心聲。她不再想著要如何表現談吐，應該要聊些什麼來展現自己的聰明，她發現自己閉嘴不但沒有使交談變成一陣陣沉默，反而讓對方很高興能主導談話，能逗女士開心。

學習順服的這段時間讓費歐娜更了解自己，也更了解男人。

費歐娜找到勇氣去改變自己，說話不再尖銳嘲諷，她現在願意給那些想示愛的男士一個機會（過去她很難做到這點），她會提醒自己，她比較想要的是雙方親密的情感，而不是為了減輕害怕而去控制事情。

費歐娜慢慢改變了，她看起來比較柔和，也更迷人，她覺得自己更女性化，更能敞開心胸，她終於承認：「我以前總是孤獨的一個人，那是因為我害怕另一種選擇，而不是我沒有遇到對的人。」

我們沒有理由去抱怨找不到好的對象，這樣的男人到處都是。

無獨有偶的，喜歡和費歐娜調情的那位年輕同事史考特也開口約她出去，也許他注意到費歐娜不再那麼保守拘束，或者因為有那麼多男士追求，費歐娜看起來比以前有自信，無論如何費歐娜又一次順服，她知道如果不和對方出去，她根本無法知道自己到底喜不喜歡他，於是她答應了史考特的約會。

現在的費歐娜知道如何順其自然的約會，她不會建議對方約會的時間地點，也不會來回確認的想安排兩人的行程，她更不費心要讓對方覺得自己性感美麗，她也不去擔心對方到底想和她訂定終身，還是只想譜一段夏日戀曲。

費歐娜靜觀其變，史考特用各種方式展開追求，他做了一桌菜請她吃，帶她出去約會，摸索怎麼樣才能取悅她，史考特安排約會並主動付錢，費歐娜很享受這次約會，她一而再，再而三的接受史考特邀約。

這是多麼平常，但是又多麼快樂的約會！

其他人還是會來約費歐娜，雖然她目前似乎對史考特比較有興趣，但是她還是接受其他邀約，保持機會的開放性，她知道自己不能去預期史考特會不會想和自己更進一步定下來。「有一天史考特沒有寫E-mail過來，我其實有些苦惱，但是我沒有試著寫信去問，弄清楚他是否真心在追我，畢竟我可不想自己欺騙自己的苦苦等候，不過這次我靜下來看他會怎麼做，過去我喜歡扮演積極的角色，以為只要我控制一切就比較不容易受傷，但現在我不再這麼做。」

經過三個月的順服和幾個星期的約會，史考特終於真情告白，除了費歐娜他再也不想和其他女人約會，費歐娜非常激動，因為她發現自己除了史考特，也不想和其他男人約會呢！

費歐娜一小步一小步的嘗試順服，讓她漸漸的達到心願：她真的找到一個很棒而且很愛她的男人。

想愛並不等於絕望飢渴

單身女性如果覺得自己表現得寂寞難耐，或是被別人認為是一個飢渴思春的女人，這大概是最丟臉難堪的事了，光是想像別人用這種眼光看自己，就是一件很可怕的事。

閱讀這本書並不會讓妳看起來焦躁或是需求不滿，我不是讓妳看到身旁第一個男人就馬上採取行動。當妳開始約會，妳會覺得自己好像被看穿了，身旁的人是不是都察覺妳的忐忑不安？他們是不是都在議論紛紛？其實這只是妳在約會過程擔心受傷的反應，事實上周遭的人不見得把焦點放在妳身上，一切是妳自己的想像居多，就算真的有人注意到妳的轉變，他們也不是注意到妳最近是不是常常接受男士邀約。想要有一個浪漫多情的伴侶並不是飢渴難耐，這是勇敢的說出自己想要什麼，一般人會發現妳的柔情善感很可愛，也會同情並理解妳的心情。

所謂的飢渴是妳立刻需要一個男人，不管付出多少代價都無所謂，性飢渴讓妳充滿慾想，隨便一個男人不管適合不適合，都能讓妳得到短暫的慰藉滿足，妳會因此行動過快，喪失能力，而且風險大大增加。

順服卻可以保護自己不過度濫交，並如願找到合適的對象。它不是讓妳馬上抓住身邊第一個出現的男人，但也不是要妳因為謹慎害怕而拒絕每個男人，妳可以根據自己的心願，多方選擇來決定最後的依歸。

最後要提醒妳慢慢來，這是學習順服最基本的原則。去散散步，和女性友人吃吃飯，或者寫寫日記，甚至窩在沙發上看書、看電影，這些都可以幫助妳傾聽自己內心的聲音。妳會發現自己一點也不迫切，取而代之的是發自內在的美麗與自信。

妳不會因為順服而覺得丟臉難堪，相反的，妳是踏著堅穩實在的步伐前進，妳正一步步的吸引那個真命天子朝自己走過來。

婚姻幸福的女友是最佳參謀

健康強壯的人懂得在需要的時候尋求幫助，不管受到創傷的是膝蓋，還是心靈。

——羅娜巴瑞特（Rona Barrett）

雖然順服是一件好事，但並不是一件容易做到的事，男女交往何嘗不是如此？所以找個過來人提供意見是一件很重要的事。

婚姻幸福的女性朋友是妳最好的參考對象，我建議妳找一個這樣的人來當愛情顧問，指點妳如何吸引合適的男人，如果妳的生活圈有這樣的人選，請對方給妳一些意見，尋求她的支持與鼓勵，如果妳認識不只一位快樂的已婚婦女，不妨都問問她們。

萬一妳沒有認識婚姻和諧、讓妳心生嚮往的女性朋友，可以考慮朋友圈以外有沒有這樣的人選，妳的同事、朋友的姐妹是不是和另一半關係美滿？妳的網球隊友、妳的職業團體裡面是不是有人深愛她的丈夫？妳的周圍一定會有個女性符合妳的需求，對方擁有妳正在尋尋覓覓的美好感情。通常只要妳有禮貌的詢問對方，對方都會很開心的和妳經驗分享，這就是女人之間的友誼。

大部分的人都喜歡幫助別人，妳找到的婚姻導師應該也很樂意幫助妳。大家都喜歡看到愛的奇蹟發生，她會很樂意和妳聊聊這方面的事，妳在交談的過程必定受益不少，她甚至會因為妳想請教她而覺得很榮幸。有這樣一個感情顧問，她可以幫助妳做不同的決定，安撫妳的恐懼心理，帶妳讀懂自己內心的聲音，當妳在交往中覺得不確定或感到沉迷、害怕、緊張，甚至好奇時，都可以打電話問問這樣的女性朋友。

注意力放在自己身上

當妳渴望擁有一段親密關係，妳很容易把注意力放在自己以外的未知數，他會不會喜歡我？他會不會約我出去？他是不是很愛調情逗女生？他愛不愛我？我們會結婚嗎？其實更重要的應該是問自己：我喜歡他嗎？我想不想和他約會？我想和他調情說笑嗎？我愛不愛他？我想不想嫁給他？

小孩子很喜歡看同學的圖畫紙，看看誰畫的圖比較整齊漂亮，女人有時候也用這種心態在看男人，想從男人身上得到一些資訊幫助我們做決定，但其實最有參考價值的應該是問問自己內心的聲音，妳應該把注意力放在自己身上。

順服導引出最好的自我

順服並不是急迫飢渴，不管誰來約妳都和對方出去約會，順服不會讓妳成為人見人愛的郝思嘉或芭比娃娃，順服當然也不是要妳當個膽小鬼。順服比較像把焦點從外面收回來，學會往內自省，了解自己真心渴望一個浪漫的情人，找到冒險一試的勇氣，不過除非必要，否則並不讓自己事事冒險。順服會導引出女性最好的特質，找到女人的優點和自信。

順服的單身女性會在工作和娛樂中求取平衡，她在職場中如魚得水，閒時就追求自己的興趣，享受美好的人際關係，這些成效會讓她生活很滿足，也會讓她越來越有魅力，足以吸引好男人的注意，她已經成就了最美好的自己。

第 1 課

承認自己想結婚

Surrender to Your Desire to Be Happily Married

最可怕的事情就是去假裝次等的才是最好的，
假裝妳不需要愛，
但是其實妳需要得很。

——多麗斯萊辛（Doris Lessing）

擁抱單身快樂嗎？

《時代》（*Time*）雜誌在幾年前的封面提出個問題，「有越來越多的女性向婚姻說不，她們寧可選擇單身的生活」，雜誌上還問了一句：「她們快樂嗎？」

有些女性的確很享受獨立單身的生活，她們真的不想結婚，但如果妳不是這類

否認妳想結婚的念頭，其實是想保護自己免於交往失敗的沮喪，想避免自己太過依賴他人。

如果妳或多或少否認過想結婚的念頭，現在請妳停止活在害怕的情緒中，開始學著了解自己真正想要什麼，對於自己和對其他人有什麼渴望。順從大自然的渴求沒有什麼好羞愧的，否定自己的渴望，會讓一個原本既聰明又獨立的女性永遠也找不到真心想要的情感。

妳可以這樣告訴朋友和家人：「我希望有一天可以和一個很棒的男人結婚」，或者是「我期待和某人一起分享生活」，如果妳說不出口，至少在無人的時候對著自己這樣說。

否認自己真心想要什麼，也是一種對渴望的控制，這樣可以避免害怕、失望、丟臉的感覺，可是這種否認與控制會阻礙妳追尋渴望已久的愛情。

順服於想結婚的念頭，給這個想法一次美夢成真的機會。

的女人，就不要假裝自己也不想結婚，這樣只會導致傷心與不快樂。

當我和某個男人交往時，我告訴自己我並不想結婚，這種說法只是巧妙的掩飾擔心將來會離婚的恐懼，但我真的寂寞，也真心想要一個伴侶，我並不是那麼快樂的「擁抱單身生活」，因為我總是很辛苦的在避免未來的痛苦。

這種情況很普遍，所謂「擁抱單身生活」的說法，其實常常是想要「避免失望的風險」，有時候到我工作坊的女性也會說：「我覺得單身很快樂，也不覺得孤單什麼的。」但如果這是真話，為什麼她們又到我的工作坊來尋求幫助？

當然了，如果我們說自己喜歡單身，感覺上傷害就比較少，當妳還沒有找到對的人，那為什麼不乾脆說妳對男人沒有興趣比較不會受傷？於是很多人假裝自己忙於事業，忙於休閒活動，忙於學校功課，生活是這樣的充實忙碌，所以好像就不需要一個男人了。

如果承認自己的內心有個缺口，那無疑是暴露了真實的自我，我們都希望被當成獨立堅強的女人，當我們承認寂寞空虛，就會害怕別人認為我們不再那麼自信自負，更糟的是他們可能會用同情憐憫的眼光來看自己。

欺騙自己也是一種控制

不想冒愛情的險，就是想辦法讓一切在自己控制之中，諷刺的是當妳否認真心想要愛情，希望藉此避免可能發生的傷害，結果往往把自己推向痛苦的情緒，而且妳的心願還離妳越來越遠。

承認自己想要一個好男人吧！順服這個願望，了解自己難免有戀愛失敗而心碎的風險，這是最重要的第一步，唯有這樣妳才能開始一段美好的戀情，也許這段戀情會是超過十二年的愛情長跑，甚至有可能從此一生相愛。

尋找真愛像是找工作

如果妳知道別人其實很少特別注意妳，妳大概就不會老擔心別人怎麼看妳了。

——歐林米勒（Olin Miller）

我不是建議妳暫停目前的生活模式，一直到真命天子出現為止，妳不需要在第一次約會就告訴對方妳想結婚的企圖，事實上這種做法又是另一種控制，我所堅持的是妳應該認清一個事實：妳真心希望有個男人會珍惜妳，保護妳，仰慕妳，熱愛妳。

如果說出這個事實讓妳緊張不安，也許妳是困在以下其中一則迷思：

迷思一：如果我承認自己很寂寞，我會像個飢渴難耐的女人。

事　實：寂寞和飢渴不一樣，寂寞是：「我想要和某人在一起，我想要有人陪伴，有親密、浪漫的戀情。」而飢渴是：「我不能忍受自己一個人，我的自尊心已經降到最低，我願意屈就隨便一個男人，即使我知道他完全不適合我也沒關係。」寂寞並不是輕浮淫蕩，它是人類的天性，每個人偶爾都會覺得寂寞。

迷思二：如果我承認自己想結婚，別人會認為我不太看重工作發展。

事　實：就算別人真的花時間時常想到妳，他們也不會是在想像妳準備在婚姻和事業作抉擇，想要結婚並不會抹殺工作上的成就和志向，這兩者並不是不能相容的。每個人都認識幾個事業有成的已婚婦女，如果妳既想要一個成功的事業，又想要一段熱烈的戀情，別人並不會大驚小怪。

迷思三：如果我宣布自己想結婚，但並沒有馬上結成，別人會覺得我乏人問津。

事　實：說真的，別人不會那麼閒，一天到晚都在注意妳的相親交友進展，但是如果妳擔心這類評論，妳可以想像有位朋友正在告訴妳：「我想結婚。」如果半年後妳發現她還是單身，妳會假設妳的朋友有什麼地方不對嗎？事實上愛情是急不得的，每個人都知道這種事要慢慢來，好朋友會因為你說真話，而覺得妳很勇敢。

迷思四：如果我承認自己很寂寞，會嚇跑我想認識的那類男人。

事　實：如果妳飢不擇食，隨便哪個男人都可以，妳可能真的會嚇跑有心交往的男人，但是如果妳還是有基本的擇偶標準，妳不屈就不合適的男人，這完全是另外一回事。妳應該讓對方知道妳的感情世界有空位，這就像妳找工作時也希望合適自己的公司都知道一樣，敞開大門讓別人知道妳的需要，這樣才有機會更快實現願望。

尋找真愛其實和找工作有點類似，當妳想找新工作時，妳會承認自己有這個需求，妳會自己布網，許多人會幫妳介紹機會，妳會一個個去試試看，即使後來沒有成功也不會放在心上，妳會熱誠的去找下一個工作，而不會頻頻回頭去看那些沒有錄取的工作。

另一種情況和職場也很像，當妳在找工作時，其他人並不會認為妳是因為能力不好或缺乏能力才需要找工作，相反的，他們知道妳有這種需求，就會張大眼睛幫妳留意合適的工作。同樣的，如果妳告訴親戚朋友妳正在尋找合適的對象交往，他們不但會給妳支持鼓勵，還會介紹妳參加各種聚會，讓妳有機會認識一個適合妳的男人。

不過找工作和找戀情還是有些不一樣的地方，有時候我們因為生活或負債，必須勉強自己接受一份工作，不過妳永遠不必勉強自己接受一個丈夫！另外，妳不用像爭取工作那麼積極的去追求一個丈夫，因為他會主動來追求妳。

不再口是心非

就像巡弋飛彈一樣，如果時間到了，愛情就會追蹤而來。

——琳達貝瑞（Lynda Barry）

有些人會勸妳應該成熟一點，不要等什麼白馬王子出現，女人應該要靠自己才對，這類的勵志短語常常貼在汽車後方的保險桿上，例如「女人需要男人，就好像魚兒需要腳踏車一樣」，當妳跟著口號去擁護單身，但其實真正想要的是愉快的婚姻，妳的心裡一定感受到沉沉的壓力。

如果妳已經對外宣稱希望找一個適合的男人，也許有人會潑妳冷水，告訴妳「越想找到真愛，真愛越不會出現」，或者是要妳「不要期望太高」，聽起來似乎是好意，其實他們不但對妳誠實的坦白想結婚感到吃驚，還把所謂的渴愛和飢渴弄混了。

口是心非主張一個自己並不想要的生活，其實對妳一點好處也沒有。

適合妳的男人也許不是白馬王子，但是他會讓妳好像公主般受寵，希望有這樣的男人一起分享生活並不過分。希望被愛是女人與生俱來的權利，男女婚配更是人類最古老原始的本能，女性自給自足雖然值得讚揚，但是這滿足不了女性想要被擁抱、被碰觸，想和男人有親密感情的需求。表現自己沒有男人也可以獨立生活，並不代表真的就不需要男人，如果真的這樣做，很容易讓妳一直單身下去。

裡外合一的愛情容顏

一旦認清自己想結婚的事實，妳的內心也會跟著改變，妳會覺得鬆了一口氣，以後不必再說一套做一套，妳的觀念和感覺終於統一，以後就沒有心裡藏著祕密而產生的沉重壓力了。

妳的外在也會跟著心境改變，當妳否認想結婚的念頭，妳口是心非的心情會反應在臉上，也許是皺著眉，也許當別人直視妳的眼睛，妳會急忙把眼光避開，走在路上妳甚至會垮著肩膀，妳的辯解好像一件不自然的盔甲，很容易在一舉一動表現出來。

當妳順服於結婚的願望，妳的容貌和身體也會不同，妳的眼光不再猛厲，而是看到未來各種的可能性，妳的眼神會帶著笑意，妳不用再穿著「我不需要男人」的護甲，妳有了全新的身體語言，散發「我現在單身，你可以追我」的訊息。

如果妳曾經看過別人明明在生氣，臉上卻在微笑，妳就知道這樣看起來有多麼古怪，他的表情會變得複雜難懂，讓人覺得不舒服，覺得不好相處。想要表裡如一的方法就是誠實的表達自己，而不是去否定自己真正的想法，一旦妳這樣做，別人會不知不覺收到妳的訊息，潛在的追求者會受到鼓舞而向妳靠近，如果妳表明身旁有空缺，一定比拒男人於千里之外更容易吸引到將來可能會愛上妳的男人。

一旦對方開始注意到妳，妳就很有機會和他發展戀情，妳可能甜蜜得再也不想擁戴什麼單身生活了。

第 2 課

放棄完美的男人吧！

Give Up the Idea of the Perfect Man

如果想找個沒有缺點的朋友，
那你一定沒有朋友。

——猶太諺語

丟掉妳的高標準

也許妳的夢中情人要有迷人的眼睛，身材高大健壯，妳希望對方是個成功的生意人，最好還有私人飛機可以搭；或者妳嚮往一個居家型的男人，最好在風光明媚的地方經營牧場。或許妳覺得自己可以遇上這樣的一個人。

妳是否在心裡偷偷放一把量尺，暗中丈量身旁的男人是不是合乎標準？妳是否在意交往對象的年齡、教育、收入、先前的交友、婚姻狀態、個人背景等？

該是放下這把尺的時候了，不要再拿著條件一一比對周遭的男人，順服的接受一個不甚完美的對象吧！

即使和一個不完美的男人交往，妳還是可以過著幸福快樂的生活，如果妳硬要堅持找一個完美的男人，妳可能因為永遠找不到而依舊孤獨。

不過更可能的情況是某個男人即將觸動妳的心弦，但是他剛好不是妳原先設想的那一類型，也就是說當妳剛認識一個男的，其實並不需要馬上了解他的家世背景，尤其不要才剛剛認識對方，就在心裡按照標準開始一一評量。

如果妳一定要核對無誤才肯答應約會交往，妳可能會錯過一些可愛的男人，對方也許是在書店工作，被妳認為事業沒什麼發展機會；妳可能會婉拒朋友介紹另一個朋友，只因為妳聽說那個男的有些邋遢；妳謝絕同事的晚餐邀約，只因為妳發誓不談辦公室戀情，於是美好的週末妳還是只能一個人抱著一堆設限條件待在家裡，因為妳找不到一個男人跨過你心目中的超高標準。

也許妳真的試過先約會看看，但幾次以後就因某些原因而停止約會，有可能因為對方喝湯太大聲，或是車庫擺了一堆亂七八糟的東西讓人討厭，甚至妳開始在意他小妳三歲等等。如果妳常常這樣打斷初萌芽的交往，沒兩下就把對方列為拒絕往來戶，對這些單身漢漸漸感到失望不滿意，妳就是潛意識的在期待下一個男人會比較完美。

請列出妳認識的單身男子，勾出妳曾經和哪幾個約會過，為什麼妳不選擇周遭的單身漢交往看看呢？其中有沒有哪些男人是朋友認為妳會喜歡，但妳卻推掉朋友好意的介紹？是誰決定停止交往的？還有為什麼妳不肯再去第二次約會？請寫下答案，找出這是不是一個模式，妳是不是因為自己設定的完美標準而錯過許多好男人。

條件清單就是武裝盔甲

偉大的靈魂懂得向命運屈服。

——席內卡（Lucius Anneaus Seneca）

我們都知道世界上沒有人是完美的。

根本沒有所謂的「完美男人」存在，如果妳一直苦苦等待這樣的一個人，其實妳是在避免親密關係，妳可能不太了解自己有這樣的心態，真正原因可能是因為妳在害怕。

列出條件清單等於給自己穿上武裝盔甲，這樣就不用去面對交往的恐懼，即使妳嘗試交往，也表示願意和他人共享生活，但妳內心其實還是害怕。也許妳離過婚，或者曾經感情受到創傷，所以妳當然很怕再經歷一次交往。可能妳的初戀男友意外在車禍中喪生，妳無法再一次忍受愛人突然離開的孤獨；又或者妳有一顆脆弱善感的心，妳很怕交付自己的靈魂和感情，卻沒有得到對方相同的回應，妳害怕到時候會很痛苦。心碎的感覺像針刺般難受，於是我們努力的控制生活，希望可以避開再一次心碎的折磨。

掌控條件的篩選是一種不切實際的期待，只要心目中的好男人還沒有出現（根本不太可能出現這樣的男人），妳就沒有因愛傷心的風險，列出擇偶標準其實是妳保護自己不要受傷的方式。

順服就是要妳認清這個事實，不要事先假設未來的伴侶應該具備哪些條件，不要一一核對資格才接受邀約，這樣妳才可以找到渴望已久的真愛。你必須改變自己對身邊男子的態度，停止抱怨一直遇不到條件符合的好男人。

不管妳真正害怕的是什麼，重點是妳應該強迫自己去面對它。妳的畏懼會讓妳一直孤獨下去，不要緊緊抓著恐懼，利用審核清單把男人阻絕在外，除非妳可以克服恐懼，哪怕心跳加速、掌心冒汗也要硬著頭皮跨出去，否則妳將無法享受男人全心全意的愛，妳無法體驗感情的交流，相互陪伴的默契，當然也無法擁有熱情穩定的親密關係，妳必須接受「男人並不完美」的事實，雖然心裡害怕，還是必須勇敢的試看看。

這本書要教大家如何做到這一點。

因為害怕而設限

愛情是一種無法抗拒的慾想，讓人不由自主的想望。

——羅伯佛洛斯特（Robert Frost）

妳是否認識這樣的女性友人？她一方面躲避男人，一方面又抱怨遇不到男人？這樣的女人在某種程度上也在害怕，她的第二天性讓她列出一堆男人的缺點，未來的伴侶千萬不能有這些要不得的缺陷：不能有啤酒肚、不能把話悶在心裡、不能不善溝通、不可以藉口太忙就不照顧母親，或者在十年前嗑過藥的也不行。

戴安娜還以為自己對男人沒有偏見，她認為自己很隨和，直到她發現自己開始找原因拒絕交往，甚至連出去約會一次的機會也不肯給對方，「有一個住得太遠，另外一個又太年輕，還有一個帶著五歲的孩子，有一個太剽悍，還有還有……」戴安娜一一細數，然後突然停了下來，她開始了解自己可能真的設限太多而錯失許多不錯的男人，於是她又試著解釋：「我只想確定不要浪費時間在不會有結果的感情上面。」戴安娜很堅持：「把希望放在一個不合適的男人身上，那實在太糟糕了。」

戴安娜說得夠清楚了，但是除非妳有機會去了解對方，否則並不能知道雙方究竟適不適合，以前戴安娜認為自己只是比較實際，現在她開始明白真正的動機在哪裡，她只是想避免付出感情卻又再次落空的壓力。

她決定要丟開之前的想法，接受男人並非完美聖人的事實，她不再試著控制約會人選，她開始順服於各種可能性。

接著有位雙重不合格的男人透過交友中心來約戴安娜出去，這個男子四十五歲，而戴安娜已經五十二歲，而且他又住得很遠，沒想到他們居然來電了，他後來告訴戴安娜，真高興這次她願意回覆約會。

戴安娜不解的問對方為何說是「這次」？對方說之前試過想約戴安娜，但是戴安娜一直沒有回應，不過他鼓起勇氣再約了一次，沒想到戴安娜這次答應了。

願意接受一個不甚完美的對象，並不代表妳就要嫁給對方了，妳當然應該要有一些標準，知道男人有哪些缺點是自己絕對不能忍受的，例如妳是一個兒女長大成人的單身母親，妳不想再一次辛苦的撫養幼兒，那麼剔除帶著年幼子女的對象就是理所當然的篩選。

不過有時候篩選條件是很表面的東西，有些女性拿一些荒謬的理由來挑剔男人，藉此小心翼翼的保護自己，這種標準就是讓妳遲遲找不到對象的主要原因。

當妳一直嘗試在男人身上挑錯處，妳很可能在害怕對方先發現妳的缺失，萬一哪天對方完全了解妳，到時候他還會不會繼續愛妳？妳很擔心到時候妳不再討人喜愛了。

我們都會猜想，這世上有沒有一個可以完全容忍我、了解我的缺點卻還願意和我共同生活的男人？戴安娜知道若有機會她會很想結婚，但是她特別怕和年紀比自己小的男人約會，因為她的前任男友就斬釘截鐵的表示不會和一個年紀像她那麼大的女人結婚，既然年齡是無法改變的事實，她覺得自己註定要被比自己年輕的人否決，她很怕萬一動了感情，又是一次失望被拒的打擊。

也許妳深信男人一旦完全了解妳，就不可能繼續愛著妳，但是那些已婚男女都曾經和妳有過相同的想法，可是後來還是找到終身伴侶了，愛情最不可思議的地方就在這裡！即使知道對方有些奇奇怪怪的個性缺點，一旦愛上了，一切都不是問題，對方會用溫暖的愛情來治療妳原本沮喪擔心的情緒，這就是墜入情網的魔力，妳的愛人即使知道妳並不完美，他還是會熱切的愛著妳。

雖然戴安娜在上一段感情受了傷，但是她又找回勇氣與力量重新和男人交往，她甚至和那些看起來不錯，但年紀比自己小的男人出去約會，戴安娜現在會告訴自己：「我怎麼能預知真心愛我的男人究竟會是幾歲？」

敞開真心嘗試

除非妳和對方約過幾次會，否則妳不可能知道自己喜不喜歡他的陪伴、會不會被他打動，妳也不可能知道他是不是一個值得信賴的伴侶，在妳答應和對方定下來之前，妳實在不知道雙方會不會就此約定今生，享受親密且唯一的美好關係。

剛認識一個男的，我們恨不得馬上就知道他是不是那個對的人？他以後會不會傷我的心，還是會導引出我最美好的本性？他會是花言巧語的騙子，還是一輩子都會讓我大笑的開心果？我們都希望一看到眼前的男人就知道他是怎樣的人，至少希望在第一次約會結束以前就可以完全了解他。

如果真可以一次定生死，那麼第一次約會結束就會變成很可怕或很刺激的事，我們大概會先確認對方以後會不會甩了自己，才決定要不要繼續交往下去，不過天底下沒有這麼神準的事，真命天子的頭上並不會閃著耀眼的光環，讓妳一眼就認出來。

也就是說，為了找到一個適合自己的男人，我們或多或少要冒點險去交往看看，總是要敞開真心去試，才會知道對方會不會讓我們愛得死去活來。

這對那些害怕被男人拋棄的女性朋友來說，絕不是一件容易做到的小事情，我自己也是過來人，以前我約會的時候也是怕得要死，萬一我付出真心卻被甩了怎麼辦？為了免於恐懼，我乾脆就不和男人約會。我很努力的找「藉口」，希望把那個後來成為我先生的男人淘汰出局。我還記得我抓住他一個錯處，有一次我做了早午餐請他吃，他竟然寫了張感謝卡給我，害我忍不住向我的死黨甘蒂絲抱怨此事。

「會送感謝卡的男人是不是有一點婆婆媽媽呀？」我很小心的問甘蒂絲有什麼意見，我覺得這個男人在某種程度上是急著想找另一半。只有一個急著想結婚、過度注重禮節、很聽媽媽話的乖乖牌才會寄感謝卡給女士吧？可是甘蒂絲不這麼想：「怎麼會婆婆媽媽呢？我覺得他滿可愛的。」

可愛？對了，就是這個形容詞。

我自己不習慣可愛貼心，所以對方的作法就讓我覺得很彆扭。

雖然我有些懷疑這會是我要的男人嗎？但幸好我知道甘蒂絲沒說錯，於是我深呼吸一下，揣摩甘蒂絲的看法，讓自己重新感覺一次這張卡片的心意，結果真的有用。第二次當他再約我出去的時候，我沒有回絕他的邀約。我答應繼續和他交往看看，漸漸的我發現這個男人不像我當初想的那麼無藥可救。

最後連我最害怕的部分都一一通過，他看過我頭髮凌亂的邋遢樣，忍受我月經前後的不可理喻，他也知道我很白癡的把跳票視為正常的資金管理，他甚至還看過我軟軟下垂的小腹，可是他照樣甜蜜的接受我，喜歡我，我渴望這種關係，這樣的感情是我最想要也最害怕的，想要得到真誠的感情，就必須放下心跳加快、呼吸急促的害怕，繼續和對方見面，給兩人更多相處的機會。

養成永不放棄的習慣

如果妳也像我一樣，妳會發現自己還沒和男方定下來會先想要逃開，替自己找成打的理由不應該繼續和對方在一起。不過如果妳肯堅持下去，通常會有開花結果的成績，就算妳真的交到幾個不適合的男人，最重要的是妳因此堅強自信，你對未來有正確的視野，知道要繼續嘗試才能找到對的人。

妳不輕易放棄的態度最後會替妳帶來成功：妳會吸引某個男人的注意，雖然他不完美，但是他會很適合妳，他不單單是一個知道妳的真實面貌還繼續愛妳的男人，他也會是那個讓妳印象深刻，牽掛於心的人。除非妳決定堅持下去，否則這一切就不會發生，所以即使妳約會的對象滿口食物還不停的講話，甚至連簡單的收支平衡都搞不定，或是天啊，他竟然文謅謅的寄給妳一張感謝卡，妳都不要輕易放棄對方。

預設 每個對象都是好男人

交往過程有些不舒服的感覺，卻要堅持下去不放棄，這聽起來是一件很可怕的事，這表示妳不能再找理由拒絕一個條件不完美，但是非常適合妳的男人。

當然這裡面會有些陷阱存在，我們如何得知哪些不完美應該忽略不看，哪些不完美又是我們應該趕緊逃開的？

我看過好幾千名已婚婦女把冷漠的婚姻轉化成親密快樂的關係，她們以為無法克服的婚姻問題，其實都是些日常生活不愉快的小事。妳也可能認為有些男人實在不適合交往，像是工作狂、喜歡動粗，還有花心不老實等等，不過從現在開始請妳揉掉審核男人的條件清單，先把每一個對象都當成「好男人」，如此一來對方是律師或是卡車司機其實並沒有什麼不同。

幸福快樂的夫妻都知道這個道理，他們明白自己和另一個人結婚，一定會有層出不窮的問題出現，他們清楚記得當初找到另一半的感覺，那種契合度就是墜入情網的靈犀。

先有互相吸引的感覺，愛情和浪漫才會隨之而來，吸引力是幫助我們找到另一半的明燈，這個男人也許不夠完美，但沒有人是絕對完美的，他會有某種特質吸引妳的興趣，他的個性和妳的特質也很搭，妳可以一直介意他所缺乏的條件，妳也可以慶幸他所擁有的優點，這全在妳的一念之間。

順服就是要妳接受對方的個性，設法改變自己，而不是想著改變他人。

就像男人也必須忍受女人的不完美，他必須接受妳每天都要和母親講電話聊天說八卦，三不五時還在他耳邊嘮叨一下，或是習慣妳約會從來不準時，想到對方同樣在順服，我們自己應該也有些讓步。

有個男人不單單受妳外表吸引，他也相當了解妳內在的個性，而且不改初衷的愛著妳，這遠比去在意生活不愉快的小事要重要多了。請對這樣的想法保持信心，妳也會遇上一個條件雖然不完美，但個性非常適合妳的男人。

第 3 課

停止批評，開始欣賞

Stop Male-Bashing and Start Admiring Men

我們都需要別人的鼓勵，
與其一直嘮叨男人的錯誤，
不如多讚美他的長處，
這樣更能讓他脫離壞習慣。

——艾琳娜波特（Eleanor H. Porter）

注意自己怎樣談論男人

我們往往只相信自己說的話。如果妳習慣潑男人冷水，或是和朋友聊天喜歡講一些和男人有關的刻薄笑話，或許現在是改變習慣的時候了。

如果妳常常說男人很討厭，你會開始相信這樣的說法，當妳想要找一個適合自己的男人，這種負面想法就會產生不良的後果。

順服於另一種觀念，相信男人和女人不同，他會有一些女人缺乏的特質值得去喜歡，請改變妳對男人的看法，告訴自己——「我愛男人」。

有時候開開男人的玩笑真的很有趣，像男人和儲蓄公債有什麼不同？答案是公債比男人成熟。但是如果妳想找個好男人共度一生，妳就要儘量避免貶低男人的對話，即使只是無傷大雅的開開玩笑，因為這些笑話反映妳的思想，漸漸影響妳對笑話內容的態度。

舉例來說，也許妳很怕男人都是騙子，結果有一天收到一則網路笑話，取笑一個男人如何欺騙老婆，然後妳又把這個笑話轉寄給同事看，妳這是用沒有根據的笑話在加強自己對男人的負面印象。有些男人的確是大騙子，但大部分的男人不是這樣，把男人一竿子打翻來取笑是有些冒犯，也是很不公平的行為。

我在結婚幾年以後才有這樣全新的看法，以前我也很愛批評男人，當我先生看到一些刻薄的笑話，例如「男人只有兩種錯，一種是他們說的話，另一種是他們做的事」，或是看到把男人當白癡的啤酒廣告，還是收到男人是個渣的賀卡，他會覺得生氣被冒犯，而我總要他輕鬆一笑，別放心上。

不過當我更懂得尊重先生以後，那些會讓他覺得不舒服的笑話同樣也讓我覺得不舒服，因為它是在取笑我的丈夫！它傷害了一個愛我的男人，一個什麼事都替我著想的男人，我第一次對這種嘲諷男人的笑話覺得刺耳。

比如說我先生常常喜歡嘻皮笑臉的想讓生活輕鬆有趣一點，即使在我們關係很緊繃的狀態他還是這樣玩，在我會講男人和儲蓄公債的差異是男人比較不成熟的笑話時，我就認為我先生也是這樣，每當我很嚴肅的討論或是擔心彼此的未來，他會把襪子套在手上扮小狗，利用小狗來安慰我應該放輕鬆，以前我會覺得他很幼稚，現在我覺得他的娛樂效果十足，很懂得怎麼安慰鼓勵人。

妳看出來這兩者的差異嗎？相同的行為特質，原本看似負面的缺點，也可以是正面的資源，選擇用何種方式看男人是妳的權利，而現在是妳摘掉有色眼鏡的時候了。

貶低男人不會讓女人更優越

接受現況才會快樂滿足。

——沃納歐哈德（Werner Erhard）

我們常常說服自己，說男人是不可靠也不老實的，所以單身生活其實也沒有錯過什麼，有趣的是，女性雖然有這種自我安慰的想法，卻沒有減低她們對浪漫愛情的憧憬。

要不然妳現在也不會閱讀這本書。

如果妳和一群女性朋友在一起聊天，而她們正尖酸刻薄的大開男人玩笑，身處其中的妳很可能也加入一起嘻笑怒罵，不過妳也可以輕易的改變話題，丟個問題改問其他的朋友：「妳曾經有過最棒的約會是怎樣？」或「妳小時候有沒有結婚生子的夢想？」如果大家要一起聊天，妳當然可以把話題帶到自己比較喜歡聊的東西。

沉溺於譏諷男人會影響妳散發出來的訊息，如果妳習慣批評男人，男人會認為妳不會給他們太高的評價，說不定正在心裡偷笑他，如果妳花很多時間精神去找男人的劣根性，他們會接收到妳的訊息。男人不會覺得妳是一個迷人又容易親近的女性，大部分的男人會希望和妳保持距離，他們希望找到欣賞自己的女人。

承認男人和女人的差異

我們都有過相同的懊惱：為什麼男人不可以更細膩、更懂得溝通、更感同身受？妳可能覺得很沮喪，不知道他在想什麼？他有什麼感覺？他怎麼不會像姐妹淘那樣和妳推心置腹的聊聊天？

如果我們這樣抱怨男人的溝通不良，我們其實說的是：「為什麼男人不能夠更像女人一點？」

男人不可能成為好女人，而我們應該對這點感到高興，也許他不像妳的女性朋友那麼善於表達，但是他們有男人的溝通方式，與其試著控制男人，想挖出他們心裡話，還不如用更愉快的方式去接近他。不要硬逼他們講話或是替他們講話，在交談過程多留些空間給男人自行發揮，這樣妳就會聽見男人心底的聲音是如此的響亮清晰。

如果妳的男人還是不太說話，沒辦法滿足妳聊天的慾望，那就是為什麼女性朋友仍然有其重要性，她們會聽妳掏心掏肺，妳不需要把全部喜怒哀樂的情緒都倒在同一個男人身上。

女人很容易忘記男人其實來自不同的文化，在男人的世界裡去聊內心情感，是一件不尋常的怪事，沒有男人會在電話中和哥兒們聊這種東西，他們不像女人常常聚在一起聊這種事情，根據兩性作家黛伯拉泰南（Deborah Tannen）的說法，「男人喜歡聊棒球，這樣可以避免討論無聊的情感問題，這就和女人喜歡聊感情，來避免討論無聊的棒球是一樣的道理。」我們很明顯的看到男人溝通的方式真的和女人不同，身為女性唯一可以做的事就是順服於這個事實，學習接受並欣賞男女之間的差異。

保持適當的溝通禮貌

不要憑著交情匪淺，就以為可以對親密的伴侶講不得體的話，妳和對方關係越密切，就越需要注意合宜的禮貌。

——法學家霍姆斯（Oliver Wendell Holmes, Jr.）

愛琳娜以前常希望她的男朋友阿班可以更開放的交心，她曾經在阿班錯失升遷機會的時候，硬要阿班談談他失望的心情，還有一次是阿班和太太終於離婚了，愛琳娜要阿班說說內心真正的感覺，但是阿班完全不想提起這類傷痛的事情，所以面對愛琳娜的盤問，阿班只是聳聳肩的咕噥兩聲。

從某種程度上來說，愛琳娜只是想更了解阿班而已，想知道他對沒有升職及離婚有什麼感受，但是從另一方面來看，妳也可以說愛琳娜在尋求一種保證的安全感，希望阿班是完全信賴地愛著自己，願意和自己分享內心的祕密，這些都不是妳能強迫男人去回答的，她這種咄咄逼人的作法是繞路而行，也是控制慾在作祟，愛琳娜其實希望阿班能說出自己想聽到的信賴與愛。

當阿班並不願意吐露心情，或者愛琳娜覺得阿班說的還不夠多，她就會想要「幫助」阿班更開放，她會告訴阿班心裡藏著祕密是一件不健康的事，愛琳娜越是逼他，他就越是暴躁多刺，整個人變得很不可理喻，愛琳娜不懂為什麼阿班會生氣，所以她和女性朋友聊起這件事情，結果所有的女性朋友都說阿班有溝通障礙，她們告訴愛琳娜這個男人沒有辦法讓她快樂。

就算妳希望男人除了聊棒球之外也可以和妳聊別的事情，但是硬把他拉來聊內心情感並不是很好的談話主題，不要強行控制談話的內容，當一個好的傾聽者比當一個業餘的心理醫生還有用，男人也比較喜歡這樣的女人，妳可以因此和對方建立親密感。

有一次阿班的確告訴愛琳娜他喜歡偶爾把小孩接來玩，「我很喜歡看到他們，但也喜歡看他們再回媽媽家，這樣我可以放鬆一下，我覺得這樣的安排很好。」

阿班說他喜歡偶爾照看小孩似乎和愛琳娜的戀情扯不上關係，這似乎不是愛琳娜最想知道的心情，不過阿班顯露了他的父愛，他知道離了婚還是可以往好的方面想，他也在女朋友面前表現自己的坦白，阿班當然也藉著擁抱和親吻來表達對愛琳娜的感情，這些行動都可以證明阿班是怎樣的一個男人，又何必要他「說」出來？

「你心裡有什麼感覺？」對男人來說這是一個很彆扭的問題，這就和冒失的問一個女人「妳體重幾公斤？」是一樣的道理。妳可以把男性文化想像成一種外國文化，它沒有什麼不好，只不過是和本國不同罷了，妳沒有那樣的習俗，並不表示異國習俗就是錯的，不能認為自己的風俗習慣才正確。

這不是說男人就不會告訴妳他的真正想法，他偶爾也會在日常生活中吐露真情，重點是妳不要刻意去逼問他，讓他自然的說他想說的話，請記住兩人在一起開心的大笑，相互的擁抱，傾聽對方說話，接受對方禮物，這些都算是情感的交流。

希望找到一個可以像閨中密友那樣無話不談的男人，這是一件不切實際也不公平的事情。

與其去問男伴的想法來測試他交心的能力，倒不如問問自己和對方在一起的感覺開不開心？如果愛琳娜也這樣問自己，她也許早就找到答案：「除了我逼他開誠布公之外，我們的相處其實很愉快。」

順服就是讓妳不要像法官一樣，拿著槌子在主導談話，妳可以仔細的傾聽，看看妳的男伴想說些什麼，這樣妳才會知道他喜不喜歡剛才的電影，他希望完成的心願，他對婚姻的想法，還有最重要的，他究竟有多麼喜歡妳。

第 4 課

對每個男人微笑

Flirt with Every Man You See

千萬不要皺眉頭，
因爲妳不知道誰即將愛上妳的微笑。

——賈斯汀米爾頓（Justine Milton）

羅曼史都是從微笑開始

想找到百分之百的真愛，妳必須面對自己的恐懼，找到勇氣去吸引每一個約會對象，妳應該馬上這樣做，不是等到假日再改變自己，更不是等到瘦了幾公斤再來做，也不必藉口等到小孩長大，還是等找到新工作再說，這些都無關緊要，重要的是妳應該立刻改變態度。

現在應該來學學調情的藝術了，幾乎所有觸電的感覺都是從交換一個微笑開始的，所以妳應該隨時隨地保持微笑。不管對方是每天會遇到的熟面孔或純粹是陌生人，請開始對每個男人微笑，當妳去買咖啡看到一個男人在講行動電話時，請對他笑一笑，當妳在郵局排隊時，請向隊伍裡的男士微笑，甚至向辦公室坐妳隔壁的男同事微笑。

每天至少要誠摯的讚美或感謝一個男人，也許是謝謝同事在工作上的幫忙，或是讚美男人的西裝，或者只是很簡單的謝謝超市小弟幫妳把東西提到車上去。

妳不需要去尋找那個即將娶妳的人，因為他會自己來找妳，事實上他已經在找妳了。不過妳必須幫助他找到妳，把他帶到妳面前最有效的方法就是給他一個迷人的微笑，如果妳希望見到未來的另一半就給他一個大大的微笑，那麼遇到每個男士就對他微笑是一件很重要的事，因為妳不知道哪一個就是那個幸運兒。

從現在開始，請妳對每個男人微笑吧！不管對方是老是少，請給他們妳最燦爛的笑容，在妳覺得這樣做很像瘋子之前，讓我先講一個朋友的故事。她很怕逢人就笑會讓別人誤認她是花癡，這樣好像對男人很飢渴，像一個很好上的女人，別人或者認為她無所事事才有時間和陌生人談笑，最重要的是她不希望隨便讓男人知道自己的弱點，她希望一切都在自己掌控之中。

有一次我朋友的生活出現低潮，她最要好的朋友搬走了，她就快要被解僱，而和男朋友的關係也找不到出路，她走進當地的圖書館，看到一個男人坐在那邊使用手提電腦在工作，而那個男人並不是她喜歡的型。

那個男人發現有人在注視自己，於是抬頭看了我朋友並給她一個微笑，在那一秒中她忘記自己最近有多難過，也忘掉之前自己不肯輕易對人微笑的種種原因，這次她很自然的報以微笑，對方笑得更開心了，整個下午我朋友繼續找她的研究資料，偶爾起身翻翻書、上個廁所，然後……嗯，就是找機會經過他的身邊對他微笑。

沒多久他們兩人相當有默契的在眉目傳情，最後那位男士走過來自我介紹，然後一起走到停車場，他們已經擬好隔天一起去玩的計畫，他們到現在還是在一起，微笑一天的代價看起來實在不壞。

為何要對陌生人友善

我們一直希望發生的事常常沒發生，但是我們沒預料到的事往往就這麼發生了。

——班哲明狄斯雷利（Benjamin Disraeli）

我們以前都被教導不要和陌生人有眼神接觸，所以如果妳還是很介意逢人就微笑，這也是正常的反應，妳擔心其他女性會認為這是在賣弄風騷，妳怕一見男人就笑簡直就像飢渴的花癡，我們都不希望別人對自己有這樣誤解，不過說穿了，這只是因為不可預知的事情往往讓人害怕，覺得一切不在自己掌控之中，這才是讓我們緊張不安的原因，如果妳能對陌生人微笑，會產生許多意想不到的結果。

以下的理由都不該阻止妳對男人微笑來引起他的注意力，讓我來告訴你原因：

迷思一：對陌生人不應該友善。

事　實：這點只適用於小孩子，小孩的判斷力還不夠，所以需要教他們對陌生人保持戒心，不過妳是一個成熟的女人，妳知道如何讓騷擾妳的陌生人滾開，妳可以自己斟酌能不能上一個陌生人的車，妳有成年人的判斷力來保護妳自己。

迷思二：喜歡調情的女人是不受尊重的。

事　實：妳懷疑自己是不是要像郝思嘉那樣眨著長睫毛，假裝柔弱無助的去吸引男人。我們都看過有些女人使盡渾身解數在勾引男人，那個情景總讓人不寒而慄，不過一個簡單的微笑不代表勾引或輕浮，妳不需要笑得特別甜美或是特別性感，就只是笑一笑，不要帶其他含意，一個簡單的微笑可以表現妳的大方友善，如果妳要表現自己，妳就要表現自己最友善的一面。

迷思三：如果對男人笑，他肯定會錯意。

事　實：微笑可以代表很多意思，它可以是友善的問好，可以是因對方注意到自己，所以用微笑回應。微笑也可以代表想和對方聊天的邀請，微笑表達一種許可、愉快的態度，對一個男人微笑不代表就是答應對方什麼事。

迷思四：主動對男人微笑就失去掌控權，因為不知道對方會怎麼回應，接下來又會發生什麼事。

事　實：好吧！只有這項不算迷思，男人可能因為妳的微笑就真的走過來搭訕，而妳又不想和每個男人講話，不過其實妳不需要擔心這點。如果對方是妳不感興趣的類型，妳可以很簡短的結束談話，不過要是妳對他很有興趣，正好可以藉機打開話匣子，這麼做的重點就是要撒一個大網出去。

逢人就微笑有一個好處，就是讓男人知道妳想交朋友的意圖，這是一種既含蓄又意思清楚的表達方式，我朋友甘蒂絲把微笑解釋為「把自我的氣息散發出去」，就像以前的小姐會在左耳上戴朵花，來暗示自己單身可追的身分，微笑也像燦爛的花朵，臉上掛著笑容會讓看到妳的人讀到一種友善的訊息，知道妳是可以追求的單身女性。

留意但不是別有用心

當我要單身女性對每個經過的男人微笑，最讓她們裹足不前的是搞錯對象，萬一妳微笑了，可是對方讓人避之唯恐不及怎麼辦？關鍵就在這裡，妳不可能在男人迎面而來的剎那還去判斷他是不是個好對象，然後再決定要不要對他微笑，這就是為什麼我建議先對每個男人微笑。

黛西就知道自己沒辦法一邊審視男人，一邊又對他微笑：「我發現要對男人微笑很難，因為我總是忙著打量對方，這男的會是瘋子嗎？可不可能是同性戀？他的依賴心重不重？太老還是太年輕？他是不是觀念保守的老古板？我就這樣一想再想，擔心對方要是這樣的人，一旦我對他微笑，後果不知道會怎樣。我大概是想保護自己不要陷入一種無法掌控的局面。」

誰都不知道向陌生人微笑會發生什麼事，如果對方真的走過來，你也無法事先準備一套說詞或對策等著接招，所以對方是同性戀，或是喜歡黏著母親又如何？這些假設其實沒重要到讓妳因此不敢微笑，向男人微笑頂多是他會走過來聊天或調情，原先封閉安全的局面會面臨改變而已。

妳也許沒有見男人就微笑的習慣，對妳來說這是一大挑戰，妳甚至懷疑這些男人真的值得妳對他們微笑嗎？微笑除了展現自己的大方隨和，藉此吸引某位迷人男士的注意力以外，還有很多其他的好處。

有位婦女在我工作坊上課就提出心得分享，她說練習對每個男人微笑很像是建立信心的訓練，以前她常常覺得自己不夠漂亮，不過當她經過路旁一個正在講行動電話的男人，她會挺胸站直，對他燦爛一笑，結果對方還因此把電話拿下來，先對她說了句：「妳真漂亮。」

還有一位學員表示微笑提升了她的心靈層次，因為其他人會同樣以友善的態度回應，讓她覺得這個世界上還是有很多好人，這些人或許只是看到她的微笑依樣畫葫蘆而已，但是她卻因此覺得人生更美好樂觀。

我的重點是要讓微笑成為一種習慣的自動反應，除了建立自信，微笑可能會讓妳因為即將面臨對方的搭訕而緊張，那是因為妳願意開放心胸的接納陌生男子，所以感覺很容易受傷，妳打破了原先生活的固定模式，這種改變可能有好有壞，但都是一種讓妳覺得不安的變化，請記住：如果妳希望情況可以有所進步，做些改變是免不了的事情。

放膽去做

和男人調情說笑有時也是很可怕，那就像滑坡效應一樣，一滑下去就難以回頭。一開始男人的搭訕看起來都很正常，假設妳把車開到車廠，一位男士過來幫妳開門，而妳對他報以微笑，結果事情並沒有這樣結束，這個男人開始和妳聊天，妳也有禮貌的回答他，然後他約妳出去玩而妳也接受邀約，接下來呢？妳必須和陌生男子約會，這是件讓人神經緊張的事情，對不對？

不過這種神經緊張是好事，就算它是滑坡效應，當妳有很多理由想試，妳就應該鼓起勇氣滑下去，妳可以婉拒交談，妳也可以拒絕他的約會，這些都是妳自己的選擇。向一個男人微笑來開啟兩人互動，並不代表妳就放棄這些選擇的權利，妳衝著男人一笑，和他調調情，也不代表婚禮的鐘聲就已經響起。微笑只是鼓舞男人和妳聊天的催化劑，事情就是這麼簡單而已，微笑之後發球權又會回到妳的身上，妳是否要再把球拋過去，選擇權還是在妳自己。

我的同事解釋得很好，我們在找工作的時候並不是靠一張履歷表就能搞定，沒有人單靠一張履歷表就找到工作，履歷表只能帶給我們面試的機會，唯有通過面試才能獲得工作，微笑就好像妳的履歷表一樣，它幫妳贏得邀約，但是要不要第二次約會的決定權還是在妳自己，就算妳和對方已經約會過幾次，要不要和他成為男女朋友的決定權還是在妳。

與其擔心和男人調情就是一種關係的允諾，還不如把它想成是不帶任何用意，只是讓對方注意到自己的方式，如此微笑就適合用於每一位男士身上，妳可以和年長的門房說說笑，妳也可以和賣肉的肉販聊一下，就算妳根本不希望在菜市場以外的地方和肉販有任何交集，簡單的說笑並不會散發別有企圖的訊息，這只是展現妳女性嬌俏的魅力，妳的微笑讓身旁每個男人都像中了百萬樂透一樣的欣喜。

選擇有女人味的服裝

倒不是一定非穿裙子不可，但服裝和微笑同樣具有催化效果，穿一些可以展現女性美的服裝會很有幫助，想想看：妳穿裙子和洋裝的走路方式，是不是和穿長褲的時候不太一樣？妳走路會更小心，不會一心往辦公室急趕，走路時妳會更注意雙腿及裙襬的律動，妳會有意無意的提醒自己要有個女人樣，而這種女人味正是吸引男士的特質。不管妳年紀多大，也不管妳身材好不好，當妳穿著洋裝和男人說笑，舉手投足散發出十足的女人味時，一定會吸引某個仰慕者的興趣。

女人不需要特別年輕或是身材完美才能吸引心儀的男人，女人當然會千方百計想要引起他的注意，不過妳不需要穿比基尼泳裝來展現胴體，重點是要選擇有女人味的服裝，不要讓服裝掩蓋住妳的女性魅力。選一件合身的短上衣就勝過寬大的T恤，選一件能襯出身材的牛仔褲，而不要選蓋住身材的鬆垮褲，當妳坐在泳池旁，把圍在泳衣外的毛巾拿掉，能夠表現女性體態的衣服更能吸引男人的注意，他們不光是喜歡女性的身體，對於女性藉由服裝所散發出來的自信，更是一種不可抵抗的吸引力。

事實上最重要的服裝就是妳的自信。不過這也是最難的部分。想要讓自己信心十足，妳可以在出門前從頭到尾把自己審視一遍，頭髮梳理整齊，臉上的妝也很美麗，再加上一身合宜的服裝，妳會覺得自己非常迷人的走出家門，這樣在路上要對人微笑也比較容易，行動也輕鬆自然多了，男人知道一個花時間打扮自己的女人一定希望得到讚美，他們會很樂意擔任這項工作，畢竟讚美女人是男人的一大樂趣。

女性當然也有不打扮的時候，有時候是去雜貨店買個東西，或者要去健身房所以素著臉不化妝，每個人都有發懶隨興的時候，不過妳還是可以考慮出去買菜前先擦個口紅，去運動就穿比較有女人味的韻律服，而不要穿像布袋一樣的大T恤和髒兮兮的舊布鞋，畢竟妳即將面對很多人並對他們綻放微笑，妳可能在買牛奶或是踩腳踏車的時候，突然就遇到一位英俊的男士。

衷心感謝也是一種方式

任何一個愚者都可以批評、責怪和抱怨——而且大部分的愚者都會這麼做。

——戴爾卡內基（Dale Carnegie）

妳還有另外一種方法來改善外表，同樣也可以讓他人更親近妳，那就是規定自己每天要向一位男士表達誠摯的感謝或讚美。

就像那位逢人就微笑而覺得世界更美好的女士一樣，如果妳每天對一位男士表達感謝，妳將會驚訝的發現每個人都變得如此慷慨而且樂於助人，妳可以簡單的向送信人員說聲謝謝，或謝謝登山社負責每個月籌畫自強活動的工作人員，或者誠懇的感激作簡報的同事如此詳細的解說，讓內容變得清楚易懂。

如果妳不習慣向周遭的人表達感謝，那妳可能就要環顧一下四周，找一個欣賞的對象讚美他，只要妳努力去找，一定有很多表達稱讚的機會。有位女士在某次研討會結束之後，就找負責視聽教材的人員表達感謝，她告訴那位男士自己很喜歡這樣的動態簡報，那位男士聳聳肩：「那不算什麼，那……妳明天還會來開會嗎？」

這位女士的稱讚替那位男子打開一扇門，讓他可以表達想要再次見面的意願，這可是帶有強烈搭訕意味的問題呢！

一旦想到某些值得感謝的事而去向對方道謝，請以最熱誠的心情去表達感謝，而不要猜測對方聽了會有什麼反應，我從來沒有聽過男人抱怨：「我受不了那個充滿感激的女士」，每個人都希望被人稱讚，所以做這種事不需要害羞，最糟的情況也不過就是對方不知道如何接受讚美，不過那是他們的問題，問題不出在妳身上。

來場調情比賽

調情也是需要練習的，不求回報的微笑或讚賞可能會讓自己感到不好意思，但是請妳不要放棄。如果妳在中途想打退堂鼓，可以尋求朋友幫助再回到戰場，讓調情變得很有趣，不時和朋友一起大笑，妳還可以和朋友一起比賽：誰在下個月得到最多男士邀約？使盡渾身解數讓自己魅力萬千，妳不一定非答應每個邀約不可，去不去的決定權在妳自己。

妳越是記得保持友善感激，讓自己充滿吸引力，妳越有可能讓某位英俊男士一看到妳就愣在原地，對妳的風采深深著迷。

第 5 課

讓男人約妳

Ask Men to Ask You Out

相信我！

想要從人生中獲得最豐碩的果實和最美好的幸福，

你必須過著冒險刺激的生活。

——尼　采（Friedrich Nietzsche）

讓他知道妳會答應約會

如果妳發現有個同事很迷人，或者妳希望和某個鄰居互動再多一點，妳可能忍不住想約對方出去，不過請妳不要這樣做，妳應該對他們微笑，和他們多互動，利用這種方式讓對方約妳出去。

等男人約自己出去可能是人類耐性的一大考驗，那如果自己主動去邀約對方呢？這不但是一種控制，更甭提會有被拒絕的風險。

解決的方法是鼓勵男士們（或妳中意的特定人選）來約自己出去，散發出妳很有空而且樂於交往的訊息，然後讓對方主動邀請妳，鼓勵對方來追求自己，這樣就沒有主動開口卻被拒絕的顧慮。

被男士追求會讓妳覺得自己炙手可熱，妳會更有自信，也變得更加美麗。

該怎麼做呢？讓我們拿一個妳每天坐公車都會遇到的男人來舉例，假設一星期上班五天的路上妳都會遇到這個男人，而他也會和妳聊天說笑，不過就是沒有開口約妳出去，那妳應該怎麼做？妳不能強迫別人來追自己，除了像個盆栽似的坐在一邊等人來追，妳可以想辦法讓對方約妳出去，譬如說：「我真希望像你這樣的男人會來約我出去」，或者是「這是我的電話號碼，哪天你想找我也許用得到」。

這樣的說法看起來已經是頗為大膽的前進，不過它的含意比較微妙模糊，不會像直接約對方共進晚餐那麼直接，妳只是讓他知道如果他來約妳的話，妳是會答應他的，這樣雙方都不會有被拒絕的尷尬。男方知道前面是綠燈，他可以放膽邀約一定沒問題，不會擔心被妳回絕，而妳也不是單刀直入地約他出去，所以對方也不會給妳否定的回覆，充其量妳只是把發球權交到男人手裡，但是妳又沒有要求他一定把球打回來給妳。

善用妳的女人味

讓我們順其自然吧！老天爺比我們更知道事情應該怎麼進行比較好。

——蒙田（Michel de Montaigne）

既然妳不能控制哪位男士會受到妳的吸引，妳能夠順服的就是接受或回絕上門的邀約，而不是去強迫某位特定男士來追求自己，不要浪費時間去在意妳很喜歡的那個男人為什麼不來約妳出去，妳唯一可以控制的對象只有妳自己。

妳也許會反駁我，認為女性也可以主動約男人出去，不過我不建議妳這樣做，積極進攻在職場上也許是很有效的戰鬥方式，適者生存的法則和強悍陽剛的特質會讓妳很快出線，不過約會是另外一回事，妳的力量應該來自女性的吸引力，男人通常著迷於女人的身體、心理和精神，所以溫柔順服的女性最投其所好，如果妳開口約男人出去，妳就拋棄了最有魅力的女人味，讓自己扮演吃力不討好的追求者。

不過如果妳邀請男人開口約妳出去，妳還是站在女性立場，妳可以讓他追妳，再接受對方的邀約，請展現妳的女人味，妳將很有機會和某人成功的交往，因為女人味會增加女性魅力，男人也會因此受到吸引，這就是異性相吸的道理。不過妳不需要特別去裝出做作的女人味，只要記得自己是女人，身為女性妳引以為榮，妳可以承認自己需要男人的心儀愛慕，享受男人約自己出去的樂趣。如果是女性主動開口約男人，就沒有辦法感受自己的可愛讓男人傾心的飄飄然了。

妳若是想替初次約會營造以後交往的氣氛，請發揮妳的女人味，讓對方得以展現他的男人味，這樣在初次約會時，就可以感受異性相吸的魔力，而且這魔力會一直持續下去。

妳也許會覺得有些男人其實喜歡女人主動約他們出去。這是可想而知的事情，誰會不喜歡呢？男人知道有人欣賞自己也會覺得受寵若驚，不過男人對主動前來邀約的女性並不會存著浪漫的興趣，男人也許嘴巴上不承認，但他們心裡可能覺得站在被動立場接受邀約是比較沒有男子氣概的，當女性扮演追求者的角色，男人可能覺得她少了點女人味，沒有那麼大的吸引力，所以男人會講點別的理由，比如聲稱丟了女方的電話號碼，才沒有先邀約對方，或者承認他其實已經注意女方好一陣子了，不過男人這些藉口大多是為了和女方發生關係，才不是想到承諾、交往和愛情。

男人寧可對那些宣告單身的女人展開追求，把她們追到手再許下承諾。

這個主被動的差別很微妙，雖然有時不太容易察覺，但是這真的很重要。

我曾經討論過這個現象，不過我弟弟的朋友傑若米就拿自己的例子反駁我，他說當初就是他的未婚妻主動約他出去的，我請他講一下當時的情況，他是這樣說的：「她走過來自我介紹，說她聽說過我，因此過來打聲招呼，於是我們就聊了一下，她還給我她的電話號碼，我知道她不排斥和我出去，所以我提議下次一起吃晚飯。」

我忍不住想笑出來，他感覺當年是未婚妻先主動追自己，但事實上他們今天會有幸福快樂的愛情，是傑若米提出的約會，他的未婚妻頂多只是宣告自己單身可追，但真正付諸行動的還是傑若米。

不要急著婉拒男人的好意

生命所要求的只是你本身擁有的能力，其中一項就是不要逃避。

——哈瑪紹（Dag Hammarskjöld）

向男人宣告自己單身的方式有很多種，妳可以在宴會逗留久一點和男士聊天，或是告訴對方希望下次有機會再見面，也可以是優雅的接受男士的讚美或幫助，期待下次還會再見面；宣告單身也可以直接給對方電話號碼，或是告訴他希望有個像他那樣的男人來約自己出去，也許妳可以透過第三者幫妳傳達，要對方來約妳（就好像我們在高中常常請同學幫忙傳情一樣）。

如果在對方還沒有機會約妳之前妳就跑開，妳就不算是成功的宣告單身。舉例來說，安娜在加油站注意到一個很吸引她的帥哥，每次安娜對他微笑，他也會以微笑打招呼，可是接著安娜就開始緊張不安，她會趕緊加快腳步，希望儘快回到車內避免這種慌亂感。

茱瑞爾有一次在擁擠的披薩店找不到位子，一個同樣落單的男士邀她共用一張桌子，這樣茱瑞爾就可以坐下來，不過茱瑞爾擔心和陌生人同桌吃飯很奇怪，所以她很快的婉謝對方好意，拿了披薩直接帶走，像這樣的女性就不容易得到約會，她們也都對自己不經思考的反應感到後悔。

如果妳會緊張，有個訣竅妳可以試試看，首先不去做任何控制，不要急著逃離，繼續逗留一陣子，保持微笑讓交談自然止息，如果對方想約妳出去，妳要給他一點時間空間開口，讓他除了心動，也有機會付諸行動。

我的前車之鑑

男人想不想接近妳，妳本身的影響力當然很重要，不過妳不能控制何人在何時會鼓起勇氣來約妳，順服就是要學會耐心等候，了解妳看上眼的男人也許永遠不會上門的事實，本來妳如果真的喜歡他，妳可能會主動約他，但順服就是要妳放棄主動的掌控權，重新積蓄更大的能量，靜等男人的追求。

損失一點小小的掌控權，妳將得到非常大的收穫。

我在年輕約會時還不知道順服或宣告單身這回事，那時候要我不去控制情勢，只坐在家裡等人約實在很痛苦，所以我有幾次主動邀男人出去，他們雖然答應邀約，但兩人的第一次約會往往也就是最後一次。我還記得有一次約了某位男士在中國餐廳吃飯，他當初答應赴約可能是很得意有女人想約他，或者是根本不知道怎麼拒絕女人，總之他絕對不是因為對我有浪漫的情意才答應出來吃飯，結果在吃飯的時候我們彼此都覺得很怪，害我對這次約會很失望。我以為約他出去就可以自己掌控愛情，但其實我是自己找釘子碰，我把自己推向不必要的心碎，如果當初是他來約我出去，雖然兩人交往不一定會成功，但是他對我的興趣應該會高出很多才對。

當我第一次遇到我先生約翰的時候，我們聊到當地一家戲院，我不經意的說了一句：「有時間我很想去看場戲」，接著他就約我那個星期五和他一起去看戲，後來他告訴我們的朋友，當時我是如何的看進他的眼裡，憧憬的說著希望有人帶我去戲院，這就是宣告自己單身的效果，我先生認為我投了個慢速球過去，他很自然的覺得必須把球接住再打回來。

莎拉在宴會上被一個高個子會計師吸引，當她要離開的時候，她走上前去對那位男士說：「今天晚上認識你很愉快，如果你還想找時間聚聚，這是我的電話號碼。」後來那位會計師果然打電話給莎拉約她出去，現在他們已經結婚了。

凱莉在她母親家也和前來修理電話的史提夫聊得很開心，所以她要母親等下次史提夫再來拜訪時，把自己的電話轉交給他，史提夫受到這樣的鼓舞，果真打電話約凱莉一起吃飯。

這幾個故事到最後都是由男人決定要不要和女方再見面，每個案例女方都給男方很大的暗示鼓勵，不過最後還是必須由男人付諸行動，這就是宣告單身和自己跑去追男人的最大差別。

別在家裡等電話

幸福只有一種方法，就是停止擔心我們無能為力的事情。

——艾皮科蒂塔斯（Epictetus）

如果妳決定把電話號碼給對方，請記住他可能要過好一陣子才會打來，事實上他也可能根本就不會打電話，這就是為什麼妳應該繼續保持微笑，繼續和其他男人互動，而不是從此坐在家裡等電話鈴聲響，妳給電話的那個男人也許已經有女朋友了，或者他還在分手的傷心期不想約會，他也可能是同性戀，可能出國了，或者他是一個國際情報員，不能冒險讓妳發現他的真實身分。

好吧，也有可能他並不喜歡妳這一型，不過妳為什麼要一直問原因呢？妳不需要抱著一顆蛋拚命等它孵出來，妳應該保持樂觀的走下去，繼續尋找下一個機會。

不管男人為什麼拿了妳的電話號碼卻沒有打來，反正妳也沒有損失，他就是和妳無緣，給他電話也不是什麼太大的冒險。

所以請繼續努力下去，對每個男人微笑而不要死盯著電話看，妳要像監理站的工作人員一樣，當櫃台一空下來馬上大喊：下一位！

立刻答應他吧！

請記住，妳可以和任何一個男人打情罵俏，但不對任何人有約會的義務；只是吸引男人注意，但不是別有用意。

不過當妳除了微笑以外還想更進一步，希望對方打電話給妳或約妳出去，妳就可以給對方明顯的暗示和鼓勵，這時候如果他來約妳卻被妳回絕，就好像史努比漫畫裡的露西一樣，她先是鼓勵查理布朗踢球，卻又在最後一秒把球拿走，害得查理布朗踢空而跌倒。換句話說，這麼做實在很殘忍，一旦妳超越了微笑、打情罵俏的界線，給對方暗示或鼓勵來追妳，唯一公平的作法就是立刻接受對方的邀約。

此時不需遲疑，妳可以立刻說「好！」、「沒問題」來接受約會，他一定感受到妳的某些魅力才約妳，妳的立刻答應顯得更有女人味，既然對方已經展現誠意邀請妳，此時還賣弄玄虛玩遊戲就會給對方錯覺，他會以為自己會錯意，以為妳其實對他沒有好感，害他到頭來碰了個大釘子，最後他可能丟掉妳拋給他的球，放棄再約妳出去的念頭，所以千萬不要冒這種險。

如果妳必須查查行事曆或是要調整行程才能答應赴約，請讓對方明白妳真的很想和他出去，然後把電話號碼給他，這樣他還可以打電話來討論約會。萬一妳提出幾個日期，但是發現實在挪不出合適的約會時間，這時候妳應該退一步，讓男方提供解決辦法，他也許建議把約會延到雙方都有空的兩個星期以後，或是更改自己的時間表來配合妳，他也可能答應妳會再打電話約時間，萬一他從此不再打來妳也不要懊惱，這不影響妳和別的男人聊天說笑，妳只能接受適合自己的約會，妳不能反過頭來要求對方配合，也不能去在意對方有沒有排除萬難來約妳出去，畢竟這世上還有許多各式各樣的男人，總有些人會知道妳希望多多和他們相處，他們會找機會來約妳。

現在妳學會了如何讓男人約妳，請試著找仰慕妳的人做練習，畢竟提醒他們妳是多麼的可愛迷人，是一件無傷大雅的事。

第 6 課

重新思考
對約會的看法

Rethink Your Negative Beliefs about Dating

譏笑既不實在也不厲害，
不實際又有點懦弱，
這表示你只要嘲笑就用不著去嘗試。

——佩姬努南（Peggy Noonan）

好的男人都被挑走了、約會讓人不舒服、約會是在浪費時間、約會很危險、約會讓人筋疲力盡。

如果妳心裡也這樣想，妳必須重新思考約會的意義，約會就像編織一張大網，妳必須保持信心，總有一天那個對的人會和妳墜入情網，約會就是幫妳找到他的方法。

約會的重點不在男人，妳不需要在約會的時候去逗他開心，或者想讓他留下很好的印象，約會是為了妳自己，妳想去哪裡？妳想做什麼？為什麼妳對他有吸引力，讓他對妳深深渴慕？

如果妳覺得約會簡直像工作一樣，現在是妳重新定義約會的時候了——約會應該很好玩，妳可以放任自己玩得盡興。

約會能夠累積各種經驗

以前每次我結束差勁的約會，就會得到一大堆經驗，然後告訴朋友這個自大男的故事，他是怎麼來敲門，看了我一眼接我出去，然後整晚兩人就不再有什麼眼神接觸，害我必須忍受一整晚的煎熬，我相信這樣做會引起共鳴，我的姐妹淘聽了一定會捧腹大笑，那時我似乎很愛做這樣的經驗分享，我總是眨著眼睛強調上次約會有多慘，比起甜蜜的約會經驗，我發現描述一個悲慘的約會更具娛樂效果，講出這種經驗可以讓我立刻和其他女性站在同一陣線。

不好的約會經驗讓人三天三夜都說不完，所以我們拚命講自己的失敗例子，好像要在朋友間比一下誰最慘的樣子，我們正在對自己洗腦應該去討厭男女交往必經的過程。

我可能約會進行到一半就覺得無聊或是對這個男人沒興趣，我已經了解他不是我想要的那一型，心裡開始緊張等一下如果他要和我吻別怎麼辦？這大概是約會時最糟糕的情況，不過這些被我歸類成慘痛約會的經驗，坦白講並沒有那麼糟糕，至少我很享受那天的演唱會，我也喜歡去昂貴的餐廳吃飯，其實我沒有真的經歷到什麼很糟的事，好像連一次都沒有呢！

約會的風險讓許多人覺得男女交往很難，有位女性學員就大嘆，約會的困難就好像知道下半輩子都要睡在地板那麼痛苦，她的意思是說，約會就像睡在地板上一樣不舒服，而且約會是沒辦法控制結果的，妳隨時可能被對方淘汰出局，約會看似永無止境的麻煩。

這樣說也沒錯，舉個例子來說，有個朋友的朋友來約莎曼珊出去，對方看起來成熟有魅力，莎曼珊開始覺得有希望，這位路克在週末帶莎曼珊出去玩，他真是一位風度翩翩的紳士，他們相處得很融洽，莎曼珊很自然的對這次交往充滿期待，路克讓她覺得興奮快樂。

可是那次約會以後，路克卻再也沒有消息。

莎曼珊覺得很失望，也開始懷疑自己不夠好，她覺得是不是自己不夠迷人？還是約會的時候話太多？她是不是看起來普普通通，還是路克覺得她很無趣或是很討厭？莎曼珊只好向朋友承認路克後來沒打電話過來，向朋友們承認自己的失敗等於又一次的傷心難過，而且這種痛楚可能還更尖銳。莎曼珊試著輕描淡寫，假裝她根本無所謂，不過她無法否認自己內心的感覺，她的確因為被拒絕而痛苦著。

後來莎曼珊聽朋友提到路克和以前的女朋友重修舊好，但是這並沒有讓莎曼珊覺得好過些，她還是覺得很沮喪，早知道當初就不要和他出去約會，這樣路克就不會看到自己過度期待的一面，她承認自己那晚的表現就像一隻熱切討好的小狗。

墜入愛河的第一步

憂愁就好比去償還一筆毫不存在的債務。

——佚名

往好的方面看，約會也可能帶給妳開心驚奇以及著迷狂喜，畢竟這往往就是墜入愛河的第一步。

約會讓人又期待又怕受傷害，我們一方面希望找到真愛，一方面又擔心被拒絕、淘汰，為了避免到頭來一場空而失望透頂，我們總是想控制約會的結果來保護自己，不過如果妳希望約會是一段幸福的開始，妳唯一該做的就是順其自然。

莎曼珊的例子比較幸運，她經過幾個星期就從沮喪中恢復，接著又在工作上認識一個男人，開始與對方交往，她告訴我：「我知道自己不能因為這樣就停止約會，這是唯一能夠認識其他男人，讓我確認自己想不想嫁給他的方法。」

每個人在約會的時候或多或少要面對失望沮喪，但沒有人因為這樣就死掉，失望當然會有點刺痛，妳也許需要一、兩天才能忘掉，但不要讓這種小沮喪超過兩天。

接著妳可以告訴自己應該繼續前進，然後妳猜結果會怎樣？兩天前的刺痛很快就會消失不見，所以妳不要老是存著負面的想法——去約會真是浪費時間、他大概不會喜歡我。妳應該把精神放在約會上，想著這次約會是否會產生一段讓妳夢寐以求的戀情。

約會至少是一種生活經驗，妳可能學會吃生魚片，或因此去攀岩；約會讓妳生平第一次去看現場的曲棍球比賽，或者妳和對方去看了一部平常根本不可能會去看的爆笑電影。

最重要的是約會給妳很好的情報，妳得以好好的觀察自己，例如男人怎樣的對待讓妳最喜歡？妳有哪些特質最吸引男人興趣？妳又有哪些個性是常常造成約會終結的原因？這些情報要不是透過約會就無法得知，順服的約會可以讓妳學到很多其他地方學不到的東西。

約會七大樂事

如果妳害怕約會，一想到要和男人出去就覺得很恐怖，妳很有可能最後成為一個先知，因為妳老是在預測未來還沒發生的事，請不要這樣自我設限，學習從正面的角度去看待男女的約會交往，當妳相信約會是一件好玩的事，妳就更有機會在約會中覺得快樂自在，這點很重要，只有好玩的約會可以演變成一段羅曼史，如果妳的初次約會很慘烈，它還可能發展成愉快的戀情嗎？

幸好約會除了難免碰上的風險，它還有一大堆樂事等著妳去發掘：

- 約會讓人受寵若驚，來約妳的人必定覺得妳充滿魅力才受到妳的吸引。
- 約會讓妳展現最美的自己，妳知道有人正愛慕著妳。
- 約會可以帶給妳希望和想像，當妳知道有一件美妙的事即將發生，妳這一天還能過得多糟？
- 妳覺得又緊張又興奮，就好像耶誕節前夕等著拆禮物的小孩，這種感覺很棒！
- 當妳走出去約會，妳已經走入廣大的世界，再也不是被動的坐在家裡猜測何時才會遇到白馬王子。
- 妳出門嘗試新鮮事，而且還有人幫妳付餐飲娛樂費，多好啊！
- 約會是為了寵愛自己：妳想做什麼？妳想去哪裡？妳想吃什麼？妳想和誰約會？

負面想法並不實在

很多樂觀者變得富有是因為他們買進了悲觀者。
——羅伯特艾倫（Robert G. Allen）

妳可能因為自身經驗而對約會有負面看法，認為男人根本就想跳過談戀愛而直接做愛，也許妳的母親很早就告訴妳男人害怕承諾，或者常和妳在一起的姐妹淘都害怕約會，所以故意加強彼此的恐懼來逃避約會，她們會這樣說：「好的男人早就被訂走了。」

也許妳還曾經聽過別人這樣說：「做人要實際一點，我過了某個年紀就不再出去認識新男人，來尋找新戀情了。」我每次聽到「實際」這兩個字都會瑟縮一下。她們真正的意思是「我很害怕」，這整句話應該解讀成：「我害怕再去冒約會交心的風險，所以我乾脆告訴自己我太老了，不再適合約會。」把「害怕」當成現實就是一種悲觀，其實這一點也不實際，悲觀並不能體諒人類心靈有所需，也沒有考慮到有時候命運很神奇。

躲進悲觀負面的信仰有一個最大的好處，就是之前提過的自我保護，妳不需要再去冒險，如果妳認為自己恐懼的東西已經是既定的事實，妳就可以用這個想法自我安慰，即使目前的生活孤單寂寞，妳能作的其實不多，妳只能接受這個無奈的事實。用這樣的藉口就不用冒險踏入約會交往的世界，這未免保護過頭了。負面想法感覺上是自我保護，但這種保護對妳實在不適用，請丟掉妳的負面思考，改用樂觀積極的態度取代吧！

凱蒂也曾經很怕約會，有一次朋友們要帶她去參加一個宴會，順便介紹對象給她認識，她還沒有去就開始擔心害怕，萬一途中對方留下她一個人，自己跑去和別人講話怎麼辦？那她是不是也要去和其他人交際周旋一下，以免對方認為自己太黏人？凱蒂從星期二到星期四都在擔心這件事，她一直試著在預測未來。

當她了解自己對約會正在作最壞的猜測時，她開始改用正面的角度想事情：「今晚一切都會順其自然的進行，我一定會玩得很開心。」結果真正約會的時候，凱蒂的男伴除了去拿飲料，根本就沒有離開過她的身邊，整個晚上他們都是兩個一起去參與社交。

審視一下妳對約會有哪些負面想法，看看妳是不是太擔心或太悲觀了。我常常聽到單身女性作以下不切實際的抱怨：

迷思一：好男人不是名草有主，就是根本不想結婚，或不想和女人定下來。

事　實：我有一個朋友是婚禮攝影師，他每個週末都是工作滿滿的在幫各個年齡的新婚夫婦拍照，這還只是有舉辦盛大婚禮的新人攝影，而且只是我朋友一個人的工作量，如果好男人真的不想結婚，我的朋友根本就沒工作可接，事實上他的工作還越來越忙呢！

妳可以到地方法院看看有多少人去公證結婚，根據不同大小城鎮，妳會發現每個月各地都有數十對到上百對的新人完成他們的終身大事，如果人們可以一個星期接一個星期的舉辦婚禮，理所當然的還會有不少適婚好男人在某個地方等著妳。妳在讀這本書的時候一定還有人在結婚，下個月、明年，甚至十年後也都還是這樣，不過這些男人目前可還是單身，他們都可能是妳的結婚對象。

迷思二：我的年紀太大了，不可能再遇到什麼男人而墜入愛河。

事　實：如果妳讀讀報紙上的結婚啟事，妳可能以為只有年輕人在結婚，所以如果超過三十歲就不要再想結婚這種事情。但這並不是事實，新一代的婚紗雜誌像《二度新娘》（*Bride Again*），就是特別替再婚的新娘子所設計的，這就證明了廣告客戶想抓住更多成熟女性的婚禮消費，像這樣的熟女新娘一定到處都是，妳也可能會是其中之一。

高齡九十一歲的艾比打電話來參加我的工作坊，因為她很在意九十四歲的男朋友遲遲不肯求婚，艾比解釋她的前三任丈夫（可惜都沒有她長壽）交往到一定程度就會提議結婚，她不知道現在的男朋友究竟還要等什麼？不用說，艾比根本不覺得她年紀大到無法談第四次戀愛，那妳為何要有這種想法？

艾比不是唯一在五十歲以後仍然保有愛情生活的女性，伊麗莎白泰勒和莎莎嘉寶也同樣韻事不斷，葛蘿莉亞史坦能（Gloria Steinem）第一次結婚的時候是六十歲，《洛杉磯時報》最近作過一個專題就是討論老人在退休之家重新又找到愛情生活。

甚至有可能我們年紀越大，就越容易墜入愛河，因為我們隨著年齡增長會更有自信，所以就更耀眼迷人。

迷思三：我長得不夠漂亮，我欣賞的男人不會看上我。

事　實：妳可能低估了男人對妳的欣賞力，女人總是對自己的外表很嚴苛，男人除了喜歡女性的外表，他同樣會被女性的心靈所吸引，瑪雅安傑洛（Maya Angelou）在〈女人現象〉（Phenomenal Woman）這首詩中就提到自己雖然不漂亮，但她總能吸引同一個房間的男士們注意，她的活力、自信和微笑都表現出獨一無二的女人味，她像是在大庭廣眾中的磁鐵，吸引著每個人注意到她的存在。妳也有相同的魅力，請把它發揮出來。

我們都看過漂亮得要命的女人，可是卻看到她沒什麼男人緣，除非妳的態度既迷人又友善，否則就算擁有模特兒的身材和漂亮精修的指甲並不會吸引男人，再美麗的女人如果沉著臉皺著眉，或是態度冷漠疏遠，她就沒有太多吸引男人愛慕的機會。

迷思四：男人只想要性而已。

事　實：男人當然很喜歡性，但這不表示他們對戀愛就沒有興趣，如果妳不喜歡隨便和男人有性行為，寧可等兩人穩定交往再談性愛，這並不會成為男女交往的問題。只想要性的男人知道妳的態度以後，他們會繼續找別的上床對象，其他有內涵的男人會接受挑戰，希望先贏得妳的信任和感情。

迷思五：我必須勉強忍受一個無趣的對象。

事　實：當女性表達這種恐懼的時候，她其實擔心自己總是愛錯人，女人常覺得壞壞的男人才有吸引力，但深交以後就發現對方是個討厭鬼。如果妳在過去有這種經驗，我建議妳可以這樣想：之前妳被對方吸引可能是因為他有某些優點，但在交往以後妳才發現他有些地方讓人無法忍受。

比如說某男人用摩托車載著妳狂飆，妳被他的冒險狂野所吸引，於是和他在一起，不過交往一陣子妳才發現他對每個女人都是這一套，即使兩人一起出去玩，他照樣對路上每個女人放電，妳當初喜歡他狂放不羈的性格，並不是他的花心不忠。也許剛開始妳喜歡甜言蜜語的男人，但後來妳不能認同對方的表達方式，妳喜歡被讚美沒錯，但不能講到天花亂墜讓妳窘得無處容身。

換句話說，如果男人要有個性才能吸引妳，很不巧的是他又剛好有某些妳無法忍受的缺點，這並不表示妳必須退而求其次找一個平凡無趣的男人，妳還是有可能找到一個誠實可靠的伴侶，並且和他過著新鮮刺激的生活，這兩者是互不衝突的。

我記得剛認識我先生約翰的時候，他說我美得讓他目眩神迷，我那時在想糟糕了，遇到一個馬屁精，他大概對每個女人都這樣大灌迷湯，但是後來他再和我出去講話就不那麼誇張了，而且當我們一起出去玩的時候，他也不會和其他女人搭訕。

如果妳嚮往刺激冒險，妳還是可以找到好男人和妳共享這樣的生活，好男人不一定就是沉悶無趣，妳會發現這樣的男人更有吸引力，妳會愛上他的特質，而且他也沒有太糟糕的缺點讓妳失望。

迷思六：男人最怕女強人。

事　實：男人喜歡聰明能幹的女人，所以妳不用擔心因為事業有成或是聰明伶俐就無法吸引男人。

翠西是一個四十多歲的漂亮女人，她在公關公司任職，薪水優渥，在比佛利山的高級住宅區擁有一棟可愛的房子，當男人和她約會一次就打退堂鼓，翠西便下結論：男人一看到女強人就膽怯了，她告訴我：「男人不喜歡女人開的車比他還高級。」

其實男人並不是被翠西的成功嚇跑的，應該是翠西的盛氣凌人讓男人望之卻步。男人從她的言行舉止很難想像翠西會有寂寞、挫敗的時候，她看起來不缺任何東西，也不笨拙或小家子氣，翠西是那種自信能幹，可以負責一切的女人，這種女人永遠不會示弱，這才是讓男人裹足不前的原因。

與其在約會的時候表現強勢的控制，倒不如展現柔軟女性化的另一面，結果應該會更好。我不是要妳裝笨，故意把自己的成功貶低到無形，我只是想提醒妳約會不是在面試一個新工作，也不是在連線做午餐會報，女人之所以吸引男人的地方是卸下武裝以後的真情流露，而不是我們拿到幾張職業證照。所以在約會的時候請提醒自己，有時候妳可以借個肩膀哭一哭，有時候妳可以和對方一起開懷大笑，有時候妳也需要有人陪妳看夕陽，這麼作並不是軟弱，只是讓妳看起來比較溫柔。

迷思七：男人喜歡楚楚可憐的女人。

事　實：示弱並不是軟弱，它會讓妳更迷人，妳不需要製造弱點來引出男人的回應，那又是另一種操控了，就像郝思嘉告訴艾希禮，如果生活沒有了他就會寂寞無比，她的情緒是脆弱的，但是她的目的是希望引起艾希禮的憐惜，她想利用示弱來操控的動機很明顯。

示弱應該是真誠無欺的，當妳卸下心防，終於承認自己不是那麼完美，發現這樣的自己還是討人喜歡，妳和對方的親密感就會迅速滋長。當妳和對方在一起，知道自己沒有防衛還是可以全然放鬆，感覺自己很安全，你們的親密感當然會油然而生。

以前我會儘量避免示弱，那個時候我也覺得這樣很軟弱，現在我知道別人不但不厭惡我脆弱的一面，還會認為這樣的我很惹人愛憐，當我坦白承認穿吊襪帶會卡在褲襪上很不舒服，或是看到感人的電視廣告也能哭上半小時，即使這些糗事會讓我很不好意思，但是我有勇氣坦露內心細微的感受。我把這種能力視為一項難得的資產。

有時候我們不自覺的避免示弱，例如有位女性朋友很想和男朋友更交心，於是她對男朋友說：「我希望我們可以更親密一點。」她希望吐露自己的心情可以引起共鳴，讓男朋友也講一些真心話，兩人可以促膝長談，結果卻是事與願違，她的男朋友僅僅咕噥兩聲，害她覺得很失望。

她其實只是很想念男朋友，覺得兩人相處的時間不夠多，不過她不願表現自己脆弱的一面，像「我想你」這樣溫柔的話很難說出口，因為它顯現了脆弱、寂寞的一面，她怕自己不再可愛迷人了，不過每個人都喜歡被別人思念著，男朋友當然也不例外，當她終於說出這簡單的三個字時，她男朋友覺得這是一種讚美，他立刻回應她的情緒，告訴她：「我也很想妳，那我們週末出去走走，一起放鬆一下吧！」

不管妳對約會有什麼負面看法，妳可以很快的丟掉這些想法，但仍然保有踏實的態度。當妳身體力行以後，妳會很快的認識一個妳喜歡的男人，開始和他交往並發展出一段新的戀情。

第 7 課

恐懼讓人裹足不前

Your Fears Are Holding You Back

許多人把風險當作敵人，
其實風險常會帶來好運。

——史　汀（Sting）

憂慮和擔心都是害怕的徵兆，如果妳覺得自己不可能遇到好男人，或者煩惱男朋友遲遲不肯許下承諾，

妳的猶豫可能遠遠大過於交心的風險。不論妳目前交往到哪個階段，或者根本還沒有對象，妳的恐懼會讓妳裹足不前，永遠到不了下一個階段。

找回勇氣

妳也許不認為自己是那種不敢約會又害怕婚姻的女人，如果妳一直找不到看對眼的男人，絕不代表世界上就沒有值得交往約會的好男人。

妳也許覺得我在鬼扯，妳覺得適合自己的男人本來就很難找，話雖然沒錯，但

另外有一種可能是，潛意識的恐懼讓妳裹足不前，**請看看妳是否有以下的情況：**

◆很少嘗試約會。
◆婉拒各種約會的邀請。
◆和很多人約過會，但是找不到一個想繼續交往的對象。
◆明知是沒有結果的交往，卻一直得過且過地拖著。
◆告訴自己絕對不要結婚。
◆每隔半年或一年就換個新男友。
◆不確定是否應該和交往多年的男朋友結婚。
◆持續和男人交往或是同居，但就是不結婚。

陌生人看妳一眼，企圖和妳有些眼神的接觸，妳是否習慣性的移開眼光，用無聲的訊息告訴對方「請走開」？這些自我防衛早已根深柢固，妳甚至感覺不到它的存在，不過它會阻絕妳找到渴求已久的真愛。

如果妳還在約會交往，卻找不到一個值得託付終身的男人，妳的恐懼大概是「他終究會漸漸離開我」「到頭來我只會心碎」，妳會告訴自己，這些約會對象沒有一個合適的，但是如果沒有人可以達到妳的標準，很可能是因為妳的標準對一個平凡人來說太遙不可及了，妳正在用高標準保護自己，覺得少約會就少失望，說不定因為這樣，那個屬於妳的真命天子就被阻擋在外無法靠近，又或者妳曾經和一個很不錯的男人約會卻又放棄交往，原因其實是因為妳在害怕，而不是人人都不夠標準。

如果妳已經有親密的男女關係，卻遲遲沒有和任何人定下來，妳可能會以一種防衛策略解釋：「在你離開我以前我會先離開你」，也或者妳乾脆挑一些失敗者交往，這樣就可以覺得自己居於上風。

從一開始對方給妳的感覺就可以分辨個中差異，妳當初是喜歡他的聰明才智，還是因為他需要妳幫他一把？如果妳被對方吸引是因為他很需要妳，那妳是選擇了一個讓妳很有優越感的男人，或許妳覺得這樣比較有安全感，但是有一個過分需要女人照顧的男朋友，身為女朋友的妳將永遠不會滿足。

如果妳只和同一個男人穩定的交往，卻沒有積極的朝婚姻邁進，妳要不是拿他填補空缺，在等對的男人出現，就是妳在害怕這段感情禁不起時間的考驗。妳也可能是因為害怕寂寞，才繼續和對方在一起，妳先把一隻腳踏出去，萬一結果令人失望妳才來得及抽腿逃跑。

或許妳會找藉口表示約會過的對象都是不敢作出承諾的男人，有些男人標榜單身貴族，他絕對不會踏入婚姻，想從這種男人身上獲得承諾不但浪費時間，而且註定會失敗，但其他還是有很多想結婚的居家型男人，只要他們找到對的女人，一定會和她結婚共度一生。

想要成為男人眼中所謂「對的女人」，方法之一是克服自己的恐懼，不要害怕全心投入浪漫的戀愛關係，這樣妳才能夠吸引適合妳的男人。

妳在擔心什麼？

樂觀是最聰明的選擇。

——戴安娜許德（Diana Scheider）

在妳找到勇氣克服恐懼之前，妳必須知道自己恐懼的究竟是什麼？除非妳確切的釐清每一個疑慮，否則妳很難越過這個障礙，所以把自己擔心的事情詳列審視是很重要的功課。

以下是我請一些女性朋友談談她們擔心害怕的問題，我起一個頭請她們接著我的句子講出原因：

我擔心遇上一個男人然後愛上他並且和他結婚，因為……

- 我怕住到一個我很討厭的地方。
- 我擔心還要給他金錢方面的援助。
- 我怕他對我不忠。
- 我怕以後什麼事都要我做。
- 我怕必須放棄自己的生活。
- 我怕他會死掉丟下我一個人。
- 我怕我們會離婚，受苦的會是小孩。
- 我怕我變得太依賴。
- 我怕到時候要跟在他後面擦屁股。
- 我怕到時候發現我嫁錯人、選錯對象，我應該可以找到更好的。
- 我怕他拒絕我。
- 我怕婚姻會讓我窒息。
- 我怕失去了自我。
- 我怕性愛變得很乏味。
- 我怕到頭來才發現自己不是結婚那塊料。

如果妳也有上述某些恐懼，妳並不孤單，這樣的女性朋友很多，也難怪妳會抗拒認真交往，根據以上種種想法，妳只要跨出第一步就會毀了目前的生活，或者就必須放棄生命中一些美好的事情，這樣做有什麼好處？

潛意識的恐懼會影響妳每天的所作所為，舉例來說：妳因為一次失敗的婚姻經驗，從此相信婚後就要跟在男人後頭收拾殘局，妳就不會熱中的去對男人微笑，去宣告自己單身可追，幹嘛要自討苦吃呢？難道還要再去約會，再結婚，再天天幫男人刷馬桶？

再比如妳相信男朋友最後會甩了自己，妳當然會抗拒和他長長久久的定下來，妳又沒有被虐待狂，為什麼要讓自己承受失戀心碎的痛苦？

幸好妳的恐懼並不一定就是事實，冷靜的面對這些假設性的恐懼，不要讓這些想法在腦海裡亂竄。

揭開恐懼的面紗

當我們懼怕某事，我們往往會想一個冠冕堂皇的理由來替自己的行為作辯護，很少有人願意直接承認自己就是在害怕。我在年輕的時候對婚姻就是這種看法。

在我那個年代大部分的女人都想結婚，只有我例外，我希望男人注意我，甚至死心塌地的愛我，我很怕離婚，當我遇到約翰的時候，其實我早已決定這輩子不結婚，我太害怕有一天也會像爸媽那樣決裂的離婚，讓整個家庭都跟著疲憊不堪。我更想避免夫妻不斷的爭吵，最後婚姻品質惡化到彼此憎恨傷害，徒留醜陋憤慨的怒氣。我下意識的告訴自己：只要不結婚就不會離婚了。同時我也好怕失去美好歡樂的單身生活，為什麼要和男人定下來而改變目前的一切？那時候我和一個又一個的男人約會，完全不想和其中之一定下來，我認為現代婦女就應該這樣享受生活。

為了掩飾我的恐懼，我會說現在結婚已經過時了，我解釋現代人的平均壽命比以前長了很多，夫妻要維持一生的婚姻就比以前難得多，我們應該要有現代的新思想，我要穿著貼身洋裝，隨興所至的做愛，讓男人在床上欲仙欲死，做個有宇宙宏觀的女孩。我沒有注意到自己對婚姻的觀點其實也很老套，這只不過是害怕離婚的人拿來掩飾害怕的面紗。

當我開始和約翰交往，我也告訴他自己不打算結婚，他還很高興我不會替他計畫未來的路應該怎麼走，他可以無拘無束的和我在一起，完全沒有共商婚姻未來的壓力，我以為自己真心希望如此，約翰也深信不疑，直到有一次約翰把我的想法告訴他姐姐克萊兒，她對約翰提出疑問：「如果她真的對結婚沒有興趣，為什麼還要特別把這個話題拿出來講？」克萊兒的確一針見血，也讓我開始覺得困惑。

當我瘋狂的愛上約翰，我的立場完全改變了，應該說我知道自己真正的心願，我希望下半輩子都和他一起度過，剎那間結婚好像是個不壞的主意，我好想和他彼此承諾直到永遠，我好想向全世界宣布他是我生命中最特別的男人。

我和約翰認識的時候才二十一歲，其實還沒怎麼隨興所至的做愛，更沒有練就讓男人瘋狂的技巧，我甚至也不真的喜歡針織的貼身洋裝，約翰彈吉他的琴聲和他的藍眼珠就把我迷得神魂顛倒，我早就忘記之前下定決心要享受的單身生活。想起自許成為一個獨立現代的新女性，我被迫重新檢視之前的信條。

我對感情的風險以及婚姻萬一破裂所潛在的浩劫仍然害怕得要命，不過我不再提這些事，我只是簡單的給自己找新理由，我相信還是有人可以把婚姻經營得很好，雖然身邊有太多人婚姻不幸福，我的父母、他們的兄弟姐妹和朋友全都有婚姻問題，但是這不代表我也會是這樣的下場結局，我認為我可以嫁給約翰並且過得很好，因為我們和他們是不一樣的。我改變了想法，揭開原本對婚姻恐懼的面紗，我最渴望的就是體驗夫妻緊合的親密感，原先擔心自己有一天變成「前妻」的恐懼，現在似乎無足輕重了。

我對未來的信心其實太過勇敢天真，對於近半數美國人都會有的婚姻問題，我竟然以為自己可以有免疫力，我還是積極的想投入兩人世界的絕對親密。

只要有正確的治療，傷口久了自然會痊癒，骨頭斷了也會漸漸癒合，原先我因為父母離異而痛苦，一直想彌補破碎的心靈，而約翰給我的愛情剛好治癒這一切，我成為一個全新而完整的女人。約翰對我的愛讓我安心，我變得精力充沛，相信我們的愛情就像磐石那樣堅穩。

同時我也覺得輕鬆不少，我不再給自己壓力要成為一個完全獨立的女人，原先沉甸甸的陰霾一掃而空，取而代之的是幸福一輩子的期待。

想要展開一段親密的感情，妳必須先克服自己的憂慮，被愛和愛人的感覺是如此美妙，順服這種感覺會幫助妳找到勇氣不再恐懼，因為妳正享受甜蜜的交往，那些害怕離婚，擔心跟進跟出收拾殘局，或是怕對方拒絕的心理會漸漸消失不見。

當妳和情人在一起的時候，應該專注於美好愉快的感覺，想想如果這麼過一生該有多好？這樣妳就可以和我一樣讓愛情治癒恐懼，從此踏入親密的愛情國度。

將害怕的事情攤在陽光下

要相信自己很勇敢就是真的勇敢起來，這只是一件最基本的事。
——馬克吐溫（Mark Twain）

緊抓著恐懼明細表在手上不敢談感情，就好像小孩子害怕衣櫥裡面會有怪獸，所以必須開著燈睡覺一樣。當妳把恐懼全部攤在燈光下，原本讓人害怕的威力通常就消失無蹤了，有時候妳也知道自己害怕得沒有道理，找出真正在害怕的原因也許並不能讓妳一舉克服恐懼，但至少是朝正確的解決方法跨出第一步。

首先請你先認識自己的恐懼，寫下這些恐懼，但是把裡面的負面想法改掉，改成和恐懼完全相反的正面肯定，我不能保證只要想法積極肯定就可以趕走恐懼，不過妳可以藉由下定決心來克服害怕的問題。舉個例子來說：「我怕婚後會住到一個很討厭的地方。」妳就把這個句子改寫成：「婚後我會住到一個我好喜歡的地方。」

柯琳很害怕如果她嫁給大丹，她就必須跟著搬去她最討厭的波士頓，大丹知道了以後就建議搬到聖地牙哥，但是柯琳又擔心自己會想念在東岸的父母和東岸的季節氣候，柯琳很納悶的問我：「這樣我如何把擔心的問題轉化成正面肯定的想法呢？」不過柯琳也知道大丹會願意住在靠近她娘家的地方，所以她只是在擔心一個「最糟的狀況」，她的恐懼並不是一件極可能發生的事。每次她又因為將來要在哪裡落腳定居而害怕時，她就改成提醒自己，很可能兩人會在自己喜歡的城鎮安定下來，其實大部分類似柯琳這樣的擔憂都很好解決，因為愛上妳的那個男人一定希望讓妳快樂。

妳也許辯稱妳的恐懼不適用於這種正面思維，妳的害怕還是沒有因此消失。妳大概認為自己的恐懼是一種無法改變的事實，但它其實是一種選擇，妳可以選擇樂觀，就像去相信杯子是半滿而不是半空那麼簡單，妳真的可以下定決心去相信未來，例如當妳遇到對的人並且互許終身，妳就告訴自己一定會很喜歡即將擁有的家庭。反正這個情況還沒有發生，並不是妳已經嫁錯人卻還做這種不符合事實的假設，妳只是選擇專注在自己比較喜歡的事實上，這會是一個很好的樂觀經驗。

如果因為父母離婚就擔心自己會步上後塵，可以給自己一些正面的想法：「我會走自己的路，我會找到一條康莊大道，通往長長久久的婚姻幸福。」

第 8 課

離開舊情人

End Friendships with Ex-Boyfriends

女人一生之中要愛過一、兩個壞男人，
這樣當她遇上好男人才會充滿感激。

——梅蕙絲（Mae West）

分手後讓自己動起來

放手很難，也很寂寞，但是寂寞也有一個好處，它給我們動機做點別的事來撫平內心的傷痛。

當妳和一個男人分手，妳寂寞的時候可能會打電話給對方，而不是去做點事，

如果前男友還在妳的生活圈徘徊，不管他現在的角色定位如何，這對單身女性都是一件不利的事情。當妳正想朝著未來前進，前任男友代表的卻是過去，妳是否想抓住微乎其微的希望和前男友重燃愛火？這會占去身心情感太多的位置，他的存在會阻礙妳的前進。

如果妳的舊情人仍然在妳的生活範圍出沒，請讓他離開，把更多的空間空下來等待那個對的人。

如果妳有幾個比較貼心的女性朋友會支持妳，拋開舊情人往前走就會比較容易，要和女性友人建立友誼並保持良好關係，不定期和她們喝喝咖啡、下午茶，或是找三個最要好的女性朋友每週例行聚會，這樣妳就不會依賴舊情人來尋求支援。

給自己機會認識新男人；妳不願趁此和其他女性去參加讀書會，讓她們幫助妳；妳也不想去健身房，妳明明知道那邊還有很多男人可以挑選。妳只是簡單的拿起電話打給舊情人，找到妳尋求的情感慰藉。

問題就出在這種情感慰藉並不是妳真心想要的。

和舊情人藕斷絲連是在替自己留一個復合的可能性，讓妳不會因為對方離開而感到錐心刺骨的寂寞。但是去感受寂寞是一件很重要的事，寧可面對真實的痛楚，也不要靠一個假情人來讓自己麻木。寂寞促使我們去接受一次相親約會，讓我們從沙發中站起來，走出去參加萬聖節舞會，它增加妳和其他男人互動的動機，讓妳去洗衣店之前記得化妝打扮自己。

有位女士告訴我當她和男朋友傷心決裂的時候，她想辦法讓自己保持忙碌，一星期有五天都留在公司加班到很晚，但是剩下的兩天假日實在分秒難捱，「我總是有打電話給他的衝動，後來我只好去跑步來讓自己筋疲力盡，白天我認識了一些人，但是到了晚上又很難過，孤獨一人的週末夜真的很要命。」不過她因為很寂寞，所以她繼續和男人說笑，大方的接受交往的機會，直到最後又找到新情人。保持忙碌可以排遣寂寞，也給她機會去社交，社交會帶來更多約會的機會。

暫時揮別舊情人

要夏拉和前男友強納森完全斷絕聯絡實在很難，尤其她和強納森還共同持有藝術電影公司的股份，不過夏拉很想找一個適合自己的男人，所以她告訴強納森希望暫時分手一陣子，六個星期以後，夏拉看到一篇有關巴西獨立電影的文章很有趣，忍不住就寄給強納森分享，她這麼做其實是不想和一個各方面都很完美的男人斷絕聯絡，強納森只有一點和夏拉不合：他不想要談結婚。夏拉和我爭辯：「我只是要和他保持聯絡，畢竟他是一個很棒的男人。」

不過認為一個男人接近完美，只是他不想結婚，這就好像妳說喜歡有關海洋的一切，只不過妳討厭濕濕的海水是一樣的道理。

幸好夏拉沒多久就發現她和強納森的關係註定沒有結果，他不光是不想結婚，而且他還是一個相當自私的男人，當夏拉試著維持朋友關係，這才發現強納森都在講自己的事情，他不懂得傾聽別人說話，沒多久夏拉就厭倦再和他作朋友，夏拉後來自己承認：「我在心裡把強納森美化了，實際上他並沒有那麼好，或許只因為得不到的男人看起來特別有吸引力罷了。」

琳恩也不願意和舊情人斷絕聯絡，她堅持自己不會活在過去，而且她也不再愛對方了，她之所以和對方保持友誼是知道對方還會繼續支持自己，當她為了家庭奮鬥掙扎的時候，舊情人可以給她打氣，對方完全知道自己的歷史過去。

沒多久琳恩了解到，她少了許多原本可以和朋友吃飯的機會，也沒辦法再認識其他人，因為她大部分時間都和舊情人消磨掉了。如果舊情人的生活出了什麼問題，她覺得自己也有義務分憂解勞來回報他的友善仁慈，所以最後她勉強自己告訴舊情人，她需要一個人休息一陣子，等她覺得準備好了再打電話聯絡，琳恩預計一旦自己遇到新的對象，有了新戀情，她就可以再回來和舊情人恢復朋友關係。

不過等琳恩真的交了新男友並且穩定的交往下去，她突然了解自己並不想和前任男友繼續保持友誼，她覺得不需要前男友再來彌補生活中的空缺，她的朋友和新情人已經能夠幫助她走過家庭風暴的問題，生活中有一個摯愛的男人就夠了，原本的空缺現在已經被快樂的填平了。

靜待傷口慢慢癒合

友情常常轉變成愛情，但是愛情卻絕不會轉變成友情。
——科爾頓（Charles Caleb Colton）

妳也許可憐兮兮的想去找已經分手的男朋友，看看是否可以讓他回心轉意，不過我不建議這樣作。

當史黛西和史提夫分手以後，她的生活跌到谷底，母親又得了癌症，史黛西比平常更需要精神支柱，在迫切的情況下她打電話給史提夫尋求幫助，史提夫帶她去以前兩個人常去的地方，在熟悉的場景又看到熟悉的愛人是如此靠近，脆弱的史黛西突然很想再回到史提夫身邊，史黛西認為：「我想他應該還愛著我，不然他不會花這麼多時間和我在一起。」那天最後他們上了床，史黛西以為兩人的戀情已經恢復，結果史提夫不是這麼想，他告訴史黛西自己暫時不想談感情。

事實上史黛西和史提夫並不是一起出去，然後以做愛結束這一晚的約會，史黛西是以「性」引誘史提夫，希望能夠重修舊好，史黛西的生活一團糟，她只想不計一切代價把史提夫拉回身邊。不過既然史黛西沒有辦法讓史提夫作出承諾，再和他發生性關係只有讓自己的感覺更糟。

就算史黛西那時候的狀況不適合去認識新的男人，但是回頭去找舊情人，只是提醒自己心中有塊被刺傷過的舊疤痕。史黛西等於把舊傷口撕開，現在又要重新癒合一遍，她本來可以把精力放在讓自己更迷人，吸引適合的男人注意到自己。女人若是想強求一個不想留下的男人待在自己身邊，那真是自負得可怕，傷口的復原需要時間，所以如果妳的心中還有情傷待復原，請注意不要再讓那些造成傷口的舊情人再出現。

如果妳是真心想和男朋友復合，而不是為了寂寞或填補空缺，那麼就去試一次看看，妳可能會想起來當初為什麼和他分手，妳也可能發現兩個人分手後都成長了，也許現在你們可以很契合的在一起。如果他不願回頭，妳就死了這條心，至少妳不用再患得患失的猜測復合的可能性，這對妳也是一種收穫。

回到一個曾經離開妳的男人身邊，有時候就好像重新回到犯罪現場一樣，妳可能會給自己帶來一些凶險。

求助女性朋友

如果妳的舊情人會安慰妳、給妳意見、擦乾妳的淚，讓妳不再那麼寂寞，請學著從一、兩個女性朋友身上找到相同的支持和慰藉，妳擁有的女性朋友越多，妳就越容易放下舊情人這個精神支柱。

能夠靠在強壯的臂彎裡當然是很有安全感的事，但是和已經熄滅的火花分享親密的話題，甚至談論目前的交往關係，妳其實找錯對象，這麼做並不是真的那麼需要精神支柱，而是抱著一絲希望重燃昔日火花。

女性朋友會和妳分享心情來強化妳的信心，最棒的是她可以提供妳情感上的支持，卻絲毫不用擔心性別曖昧的問題，當妳陷得太深的時候，女性朋友可以幫助妳站起來，**以下是女性朋友必不可缺的原因：**

◆當妳考慮和公司那個惡名昭彰的花花公子出去約會，女性朋友會給你意見。
◆當妳因為對方不符合理想條件想停止約會，女性朋友會勸妳再觀察看看。
◆如果妳在感情的路上失望透頂，她們會幫助妳不要那麼悲傷。
◆當妳意志消沉得夠久了，她們會鼓勵妳走出來。
◆當妳正低潮的時候，她們會提醒妳的價值，以及她們有多愛妳，而妳不需擔心她們這麼說是不是想釣妳。

◆如果妳的女性朋友感情平順，她們會給妳很寶貴的意見，甚至幫妳介紹很好的對象。

◆當妳遇到來電的時刻，她們可以幫妳好好慶祝，這是前男友所做不到的。

友誼與妳相扶持

用一大票朋友來鞏固妳自己……其中總有一個會適時的了解妳的問題，鼓勵妳，給妳打氣。

——喬治馬修亞當斯（George Matthew Adams）

我知道自己沒有辦法同時從一個朋友身上得到全部的支持、歡笑、談心、傾聽、刺激、讚賞和十足的注意力。

我一直試著從先生那邊得到支持，這是大家都知道的事，所以我的閨中密友除了三個女性友人，還多了個我先生，這應該相當合理。約翰是一個很好的傾聽者，也很能感同身受，不過我的姐妹朋友有時候可以提供不一樣的看法，是約翰永遠做不到的：那就是女人的私房話。當我需要抱怨一下荷爾蒙讓我暴躁不安，或是想買雙新鞋來配我的衣服，或是只想天南地北的聊幾個小時，也只有女性朋友、姐妹和媽媽會陪我這樣做，有時候我遇到一些女性表示她們沒有什麼親近的閨中密友，我真懷疑這樣如何能生存。

也許妳在情緒低潮的時候不想增加好朋友負擔，但是真正的友誼就是要患難見真情，這當然不是說妳就可以對著朋友永無止境的傾倒垃圾，這是很自私的只想著自己；但是妳要放下內心的防線，讓朋友知道妳受了傷或很沮喪，當妳需要有人提醒妳為何這麼大費周章的約會，妳的好友就會幫助妳。妳需要倚靠幾位好朋友來支持妳度過危機，這樣妳就不會單靠一人而造成她的負擔了。

要記住有一天妳的朋友也會需要幫助，或者她們過去也倚賴妳的支持，這就是友誼的可貴：一種相互扶持的精神。

當妳決定做一些改變，妳尤其需要女性朋友的鼓勵。

珍妮絲可以成功的吸引貝利，和貝利快樂的交往全歸功於幾位女性軍師的智慧。五十五歲的珍妮絲有過三次離婚經驗，她知道自己不能再重蹈覆轍了，所以她轉而請求女性朋友的支持，珍妮絲表示：「如果我想討論感情，我就請教本身有段好戀情的女性朋友，先聽聽她的忠告，結果真的有用。新戀情實在太美好了，是以前我從來沒有的經驗。」

珍妮絲發現女性智囊團的力量，很多女性朋友擁有讓珍妮絲嚮往的感情，正好可以一路指點珍妮絲，並給予支持鼓勵。

想和情人建立一段親密美好的關係，擁有女性朋友當情緒出口和意見交流就很重要，她們讓妳的女性靈魂有所依靠。討論口紅，談談工作和約會平衡的問題，懷孕須知、細帶涼鞋或其他純粹女性話題，都可以讓妳發掘自己女性的一面，這就好像新生兒派對一樣，來自各年齡層的女性朋友都會提供實質的助益，妳會得到很多獨特的女性經驗。當妳從聚會再走出來的時候，妳的舉止談吐、思想行為都會充滿女人味，當妳越有女性魅力，妳就越迷人，越能吸引男性注意。

第 9 課

每天都要快樂

Make Yourself Happy Every Day

要從自己身上找到快樂是不太容易，
但是妳不可能在其他地方找到快樂。

——艾格尼絲雷普利爾（Agnes Repplier）

妥善照顧好自己就很迷人

在電影〈收播新聞〉（Broadcast News）裡面，艾柏特布魯克斯和荷莉韓特討論過，如果不安全感和沮喪是最迷人的優點，那人生就會簡單得多了。

可惜現實生活的不安和沮喪就像蛀牙一樣無法吸引人，這兩種情緒就像蛀牙肇

妳越能享受生活，越顯得光采迷人。沒有人想要和一個不快樂的悲觀者在一起，這樣的人不會是好伴侶。

列出二十項可以讓自己快樂的事情，然後每天照表實踐至少完成三項快樂的事，讓自己容光煥發的出現在眾人眼前，包括那些妳尚未遇到的人，妳都要隨時準備讓他們驚豔。

因於不好的衛生習慣，也是因為沒有好好照顧自己，導致身體覺得很糟，註定要接受特殊治療，唯一的治療方法就是要為自己的快樂負起責任。

這並不表示妳就不能尋求別人的幫助，只是妳必須放棄不正確的觀念，別人並沒有義務要讓妳覺得快樂一點，對抗絕望最好的方法，就是每天先主動提出需求來滿足自己，而不要等到把自己逼上失望不安的絕路。

所以不要再告訴自己：「如果會計部那個男的現在來約我出去，那我就會很快樂。」妳要改成：「我已經工作三個小時都沒有休息，我要起來走一走，讓頭腦清醒一下。」

任何可以讓妳覺得舒服的行為，就是在照顧好自己，對妳而言也許是泡個舒服的熱水澡，享受自己煮一頓大餐的成就，或是舒服的睡個午覺消除疲勞，也可能是運動後的淋漓暢快，和老朋友聊天後的滿足感，或是沉迷在小說或電影的世界裡面；照顧自己當然也包括收看最愛的電視節目、去海邊玩、在泳池旁邊放鬆、去運動、買口紅、好好的吃頓午餐不要趕、深深的熟睡、逛博物館、換新髮型、買一些新枕頭、換掉門口髒汙的踏墊等等。

實踐自我照顧的法則就是每天選三件讓自己開心的事。如果妳全天工作或上學，或是要撫養一、兩個小孩，根本找不到多餘時間給自己，那麼妳必須先擬定一個計畫，每天先選三件快樂的事排入行程表，先實現這三件讓自己開心的事，如果妳覺得時間再怎麼挪都不可能，可以看看以下吉娜的例子：

吉娜有一份全職工作而且要獨力扶養三個小孩，當她第一次聽我說要善待自己，她堅持每天做一件開心的事都不可能了，何況三件？她一星期之中頂多只有一個晚上比較輕鬆愉快，那天她會熬夜看自己喜歡的電視影集，不過吉娜答應我會試試看。

那個星期吉娜花了比以前更久的時間淋浴，這樣她可以在熱水下多放鬆十分鐘；她從鄰居開的影音出租店借回一張有聲書，每天開車上下班的時候就可以聽一聽；她現在很能利用午餐時間和朋友吃飯，這些活動都讓吉娜可以暫時分心。身為一個單親媽媽當然是忙碌辛苦的，但是一個星期過去以後，吉娜看起來精神比以前好多了，整個人顯得煥然一新。

吉娜也許只做了點小改變，但影響力卻很強，她臉上的筋疲力竭已經褪去，微笑不再是很困難的事了，吉娜看起來比較有活力，因為她比以前更能享受生活，這些改變讓吉娜更有魅力，遇上吉娜的男人都不會錯過她的迷人魅力。

愛自己很自私？

愛自己才能開啟終身的羅曼史。
——王爾德（Oscar Wilde）

在妳嘗試對自己好一點的時候，妳可能覺得這樣很自私，但是妳要記住，如果妳不做點「自私」的事來對自己好一點，最後累死自己對別人也沒什麼好處。

凱倫覺得花時間善待自己會有點罪惡感，因為那個時間可以用來為別人做些更有意義的事情，她告訴我：「我喜歡被別人需要，但是當我讓每件事都優先於自己的需求時，我會漸漸變得暴躁不安，一點也不善良可愛。」

凱倫厭倦了自己老是對別人大呼小叫，她決定每天都要善待自己三件事，就好像每天餐後要用牙線潔牙似的養成習慣。凱倫希望這麼做可以避免自己再次暴怒抓狂，她承認：「我不再容易生氣了，因為我現在覺得心情好多了，當我覺得自己好像有點自私的時候，我就提醒自己這麼做是為了給別人一個和善快樂的朋友、同事、母親，當然也可能有人因此對我產生好感也說不定。」

要別人寵愛妳，先寵愛妳自己

我自己慶祝，也為自己唱歌。

——惠特曼（Walt Whitman）

不懂照顧自己，人生就是黑白的。放任自己為了生存而單調的工作著，久而久之會嚴重缺少活力，因為妳並不享受生活，妳覺得無精打采，對約會也就提不起勁來，妳要不是覺得疲倦麻木，就是感覺焦慮，渴望有人出現，把妳從沉悶的生活拉出來。

相反的如果妳善待自己，表示妳對自己相當看重，妳周遭的朋友，包括身旁的男人也都會用相同的眼光看待妳，妳不用說一個字就教會約妳出去的男人應該如何善待妳，如果妳時常寵愛自己，男人就必須加倍對妳好才行。

保持快樂的態度可以幫助妳找到理想戀情，同時還有另一個好處：練習好好善待自己，把它當成是在養成一個重要的好習慣，這個習慣也會幫助妳維持一段親密美好的關係。

過得活潑熱情

既然生活得活潑熱情可以吸引人，那麼請花點心思讓工作、朋友和嗜好都稱心如意吧！妳是不是喜歡目前的工作？還是妳覺得其他工作應該會更好？妳和朋友講完電話是不是比較快樂？有沒有被關愛、得到支持的感覺？還是妳希望他們下次去向別人吐苦水？妳有沒有參加一些好玩的活動像是排球隊、美術課、讀書會？還是妳日復一日就是窩在家裡看電視？

如果妳每天恨恨的工作了八小時，回家又像行屍走肉一樣，妳的生活不可能會活潑熱情得起來，妳也會少了點應有的女性魅力，善待自己可以把以上情況調整過來，就好像妳有了一張全新風貌的個人履歷表，妳會進入一個比較快樂的情境。

如果朋友耗光妳的能量而不是填滿妳的心靈，那麼妳要考慮讓答錄機去接電話，妳應該找一些新朋友了。

如果妳的家亂得像剛剛搬進來的樣子，而其實妳已經住了三年多，善待自己就是要把房子稍加整理一下，讓房屋擺設反映妳的心情，然後妳可以滿足的說：「這是我的家。」

準備迎接一段新感情，要先審視過濾舊的狀況，不合適的東西就要放手出清。

善待自己為什麼可以吸引好男人的注意呢？因為要建立親密的情感自然雙方要付出一點心力，誰都不想一個人傻傻的全力維持感情，當妳把生活過得越好，整個人看起來越快樂，妳就越可能遇到一個志同道合的男人，然後兩人會把生活變得更好。如果妳周遭的一切都很悲慘，妳的交往狀況也會很悲慘。既然愉快過生活比渾沌數日子來得有魅力，只要妳先改變自己，每天過著妳想要的生活，那麼妳也會戲劇性的得到妳想要的浪漫戀情。

第 10 課

優雅的接受

Receive Graciously

男人身上只有隱性的女性因子，
就像女性身上看不到隱藏的男性因子一樣，
如果把性別倒置過來，
那就變成是用隱性的因子在過生活，
而讓眞實的本性受折磨，這樣是很不自然的，
所以男人就要過得像男人，
而女人就要活得像女人。

——卡爾榮格（Carl Jung）

優雅的接受別人的美意是很重要的，不管是陌生人好心的幫妳拉門，或是同事幫妳拿手提電腦，朋友請妳吃午餐，妳都應該優雅的接受。

感謝他人的友善體貼，優雅的接受對方好意，這正是放棄控制最後該做的一件事。優雅的接受可以展現妳的溫和柔順，這樣也會增加妳的女性特質。

就算妳怕接受對方禮物會欠著一個人情，妳還是應該熱烈感激的接受；如果對方讚美妳，就算妳覺得有點怪，妳還是應該先說謝謝，而不要有其他任何動作。

第一次約會儘管順服的全盤接受，這等於替往後的約會建立模式（當然前提是妳還想和他繼續約會），讓他來接妳，幫妳開門，付帳單，讓他找話和妳聊，如果妳希望他吻妳，就讓他和妳吻別說再見。

有意無意的讓對方知道，妳喜歡當個備受寵愛的女人，一個好男人絕對可以殷勤有禮的符合妳的期望。

接受男人的殷勤相待

東方哲學中稱女男為陰陽，一個宗教學的學生曾經對我解釋過陰陽的概念：「萬物都有陰、陽兩面，例如一個花瓶，瓶子本身就是陽，而內部中空的地方則是陰，陰甚至是瓶子更重要的部分，因為它是可以容納花朵的地方。陰是接受的一方，有陰的受，才有陽的施予。」

女性行為的本質就是接受，傳統的男女交往也證明這點。男人是護花使者，他負責買單，處處以女人的舒適為依歸，而女方只要欣然接受就好了——如果女人懂得這樣應對就太好了。當妳欣然接受男人大獻殷勤，妳會覺得自己很特別，覺得備受呵護，這麼做也讓男士有動力，覺得自己更有男人味，同時妳也會更有女人味，欣然接受可以讓妳的約會男伴發揮最好的騎士精神。

如果妳拒絕接受，妳就是拒絕了那個好心的男人，我曾經看到一名女性拿著笨重的行李上火車，當她來到座位並準備把行李放到座位上方的行李架時，在她座位旁邊的男人很禮貌的站起來問：「要不要我幫妳放上去？」但是這位女性拒絕了對方，她簡單的說：「我來就好了。」於是她緊抓著行李箱的把手用力把行李甩到架子上。

也許她真有力氣把行李舉那麼高，但是當她拒絕了男士的好意，她也拒絕了自己的女人味，原本她可以優雅的接受並留給對方深刻印象，結果她拒絕了對方的紳士風度，讓對方很尷尬的站在一旁，眼睜睜看著旁邊的女人在奮勇當大力士（但是這個女大力士又當得有點狼狽辛苦），這位男士當然不認為女人是弱者或女人沒有能力，這位女士也不會給別人這樣的感覺，他只是想當個有禮貌的紳士，從小母親和阿姨都是這樣教導他們的，也許這位女性只是想表現獨立自主，但是她的回答卻讓她看起來很不優雅。

拒絕禮物，就是拒絕了送禮的人。

為何做起來那麼難？

人生沒有義務要給我們任何預期的東西。

——瑪格麗特米契爾（Margaret Mitchell）

在我開了工作坊授課以後，我曾經要求學員做一個接受的練習，每位女性學員要對班上的另一位學員說出誠懇的讚美，結果不管未婚或已婚的女性朋友在聽到別人讚美時都覺得不太自在，雖然課堂上我已經提醒她們要認真而且充滿感激的接受讚美，可是她們要不是開玩笑來化解尷尬，就是岔開話題不理會它，她們還異口同聲的表示：「要讚美他人很容易，但是要接受讚美很難。」這是因為讚美別人是我們可以控制的事，但接受讚美卻只是無力的順服。

當妳對男人微笑，願意開放心胸嘗試和男方約會，妳就有機會進一步收到對方的回應和禮物，包括陌生人會用微笑答禮、下雨天男士慷慨的把計程車先讓給妳搭乘；也可能是對方讚美妳的香水味道、幫妳開門，當然也包括幫妳把行李箱放到行李架子上。這些都是日行一善的舉手之勞，妳應該欣然接受，這會讓妳覺得自己是個受到關注的女人。

另一個對等的重點在於，男人也是會看人獻殷勤的，如果他覺得妳看起來優雅大方，似乎很樂於接受善意，他當然會挑這樣的對象釋出好意。

男女交往也是這樣，不管妳是剛開始約會，還是玩票性質，或是準備和對方定下來，妳都需要練習接受的技巧，這樣才不會一不小心就拒絕了對方的好意，這等於拒絕了那位示好的男人向妳靠近。

請把這句話當成妳的順服箴言：接受！接受！再接受！

興奮和害怕是一體兩面

接受代表妳知道要順從的收下禮物，這禮物也許是實質的物品如一件新毛衣或一對耳環，或是無形的殷勤幫助，例如幫妳掛耶誕樹上最高的那顆星星、幫妳換燈泡，或者是簡單的讚美像「妳的微笑真美！」這些看起來都很簡單，但是很多女性還是習慣避免這樣的好意或乾脆明言拒絕，有時我們甚至沒有意識到自己正在拒絕禮物。

接受會這麼困難有一部分是因為妳害怕失去控制，我們不知道對方會送什麼樣的禮物，不管對方是請吃一頓飯或送一束花，任何不在掌控之中的接受都會讓我們覺得害怕，如果接受了請客或鮮花，等於自己沒做什麼事就接受餽贈，從小我們就被教導要自立自強，無功不受祿，突如其來的禮物可能會讓人極度不安。

收到禮物的驚喜（同時也伴隨著擔心）是不能控制或事先預測的，妳只能接受別人對妳的觀感，這點有時候就挺難的，即使別人對妳的看法是正面的，但也許妳並不是這樣看自己，妳可能因此覺得發窘，覺得被看穿，甚至覺得丟臉，順服就是要放棄控制，以便得到更美好的收穫：除了享受順應自然的自發性，當對方以禮物示好時，妳的順服就是讓彼此有一次情感的交流。

在公車上接受男士讓座，這個舉動本身就是一種親密的表現，妳的女人味不用言語就自然表露，妳和讓座的男士之間有了一次簡短的接觸，這種接受當然不像收下男朋友送的鑽石耳環那麼明顯，不過卻是一種很好的練習。

當妳拒絕別人的讚美或是實質的小禮物，妳是在掌控局勢，妳把焦點從施與受的互動全部轉移到自己身上，現在的焦點在妳的拒絕，這會給原先男士的慷慨示意蒙上一層陰影，微微刺痛對方的美意，妳可以想想那位好心想幫忙提行李的男人是怎樣尷尬的站在一旁，看著身旁的女人拚命想把行李舉過頭放到架子上的畫面。

接受他人美意的藝術

愛使我們脫下防衛的面具，我們害怕沒有面具就活不下去，但我們又知道不能一直戴著面具生活下去。

——鮑德溫（James Baldwin）

接受可以是強而有力的溝通方式，妳允許男人示好，男人會覺得他可以藉此表現強而有力的男子氣概，妳的接受會讓他感到很高興。如果男人發現妳收到禮物是那麼的驚喜，而且是打從心底的開心，他會很得意自己能帶給妳快樂，而妳會覺得這個男人很用心的觀察自己的喜好，知道怎麼討妳歡心，當男人覺得每次出擊都能成功的取悅妳，他就會更想見妳，想繼續帶給妳快樂，你們兩人的相處也會越來越融洽甜蜜。

如果接受真的是既簡單又有好處，除了放棄控制，我們還有什麼理由不去坦然接受的？以下有四個理由是讓人躊躇不前的原因：

◆我們覺得配不上對方給予的東西。
◆我們覺得收了東西就好像欠了人情。
◆我們拒絕或推辭別人的讚美，因為我們要表現謙虛。
◆我們想要證明自己是獨立自主的女性。

不過妳不應該讓以上理由阻止妳去接受美意，以下是我要告訴妳的原因：

1.因為妳值得

妳值得讓生命充滿甜蜜、美麗、奢侈和感動，而妳身旁的人，尤其是男朋友或正在追求妳的人更應該把這些東西帶來給妳。

妳可能不以為然，妳覺得要對方在晚上特地過來一趟，只是幫妳解決電腦問題有點小題大作；妳可能覺得兩個人去夏威夷度假太奢侈，找個週末一起去湖邊放鬆一下就夠好了，還可以幫對方省錢；或者妳覺得健行的時候讓他一個人背兩個人的背包會有點罪惡感；不過這些事實正好說明了妳值得被這樣寵愛，否則男人就不會提出這些善意了。如果妳不太敢相信這麼美好的事也沒有關係，妳只要盡可能優雅的接受，心裡記住這麼做會讓他覺得有男子氣概，覺得交往很有希望，接受會更吸引他的興趣。

可惜我剛和約翰交往的時候還沒有這樣的概念，他常常說我有多麼美麗，而我心裡完全藐視他的看法，我那時候很希望再瘦個十公斤，下巴還長了三顆痘痘，所以我只是含混的回答：「我倒不知道我有什麼美不美的。」這麼做等於拒絕了約翰的由衷讚美，我否定了從他眼睛裡可以看到的自己，我否定了自己的美麗與魅力。

現在我比較懂得優雅的接受，不管我內心再覺得彆扭不自在，我還是決定要歡天喜地的接受別人的善意，我不想錯過和對方良好互動的機會，也不想錯過任何有形無形的禮物。

有時候我還是會緊張，但現在我同時也享受到被另眼相看的樂趣，我決定把焦點放在後者的美好感受，前者的緊張不安就會慢慢消退。我把這個經驗和工作坊的學員分享，只要她們也能試試看，結果會是出人意料的好。

雪柔也有一次經驗，她已經準備要在婚禮結束以後就搬進未婚夫的小窩，然而她的未婚夫卻想替她買大一點的房子比較舒服，他知道雪柔會喜歡那棟大房子，不過雪柔一聽到未婚夫的提議卻急忙告訴他不用這樣，她住在小屋子就好，雪柔很怕未婚夫買了新房子會沒辦法負擔，加上雪柔大半生都住在小公寓，她也怕換個大房子會不習慣，她覺得自己不值得住大房子。

當未婚夫再三保證買房子還負擔得起，而且他真的很想和雪柔一起分享，雪柔終於決定接受他的好意，她發現未婚夫挑的房子正是她最愛的那種，雪柔謝謝他，然後盡量保持鎮定不要太興奮，雪柔不但得到一幢舒適的房屋，同時她和未來的老公感情變得更親密，她知道他會盡一切努力讓自己幸福快樂。

2. 妳不會欠下人情

很多人都是在一種約定俗成的觀念中長大，覺得如果別人給我們一些好處，他一定也期待我們回贈些什麼。

舉例來說，凱倫的老闆在耶誕節給她一大筆獎金分紅，她就開始猜測老闆應該是希望她繼續天天加班多做一點，事實上凱倫的老闆也許真的希望她可以工作晚一點，但是這和耶誕節的紅利是兩回事，也就是說，紅利就是紅利，這個禮物是不帶任何額外義務的。唯一把它聯想到加班的人其實是凱倫自己。

當男朋友或追求者想表示點什麼，妳也許本能的就回答：「真的，不用麻煩了。」「我不能接受你的好意。」也許妳擔心接受了對方的示好，妳就有義務要回敬點什麼，例如答應和對方約會、答應和他定下終身，或是必須和對方上床等等，其實除非對方送禮的時候在禮物上綁著訂婚戒指，否則這些示好都不是真的有附帶條件的。很多女性為了確保對方知道自己只想當普通朋友，所以當兩人一起晚餐她就會提議要各自付帳。

如果男人要請妳喝一杯，所謂優雅的接受就是簡單的接受飲料並回答：「謝謝。」這麼做並不欠對方任何東西，倒是妳可以決定要不要和對方說說話，妳甚至不一定要喝那杯飲料，如果同一個男人過來向妳要電話號碼，妳可以根據自己的感覺決定要不要給他，這和對方請妳喝飲料就有義務要回報是沒有關係的。

不過如果接受陌生人的飲料會讓妳有安全上的顧慮，那妳當然要拒絕他，萬一他過來請妳喝一杯時已經半醉，或是看起來就讓人不寒而慄，妳根本不想和這種人講話，那麼妳就拒絕對方的示意。除此之外，妳都可以欣然接受男人的殷勤而不用擔心欠他一個人情。

3. 妳不用太謙虛

如果男方是用讚美的話來示好，我會希望身旁的人知道我並不驕傲，如果對方稱讚我的衣服很漂亮，我會說這是舊衣服了，如果對方是稱讚我的成就，我會謙稱任何人都可以做到，萬一他們稱讚我家布置得很漂亮，我會連忙舉出一些還需要改進的地方，我要確定別人不會覺得我太自負。事實上我希望把注意力從自己身上移開，因為有那麼多溫暖發光的讚美籠罩在我身上，我總覺得渾身不自然，好像被看穿了一樣。

如果有人也拒絕過妳的讚美，妳就應該知道那種失望挫折的感覺。同樣的，當妳反駁別人對妳的讚美，其實妳已經丟掉一個和對方親近的機會。現在我知道沒有什麼謙虛值得讓我因此丟掉彼此的互動連結，如今不管我心裡是不是覺得彆扭，我都會優雅的接受對方的讚美，給對方友善的回應。

4. 妳不用百分之百的獨立自主

如果妳是個現代職業婦女，妳可能對自己的獨立自主深以為榮，妳知道如何照顧自己，雖然兩個人的生活也許更好，但是一個人妳也不怕自己會寂寞。

茱莉就是這樣的女性，她試著掌控全局，約會的時候絕不讓男人替自己付錢，茱莉告訴我說：「我總覺得男女既然要平等，我就要把平等公正表現出來。我也要考慮到自己有多少能力，我不能要一個能力比我少的男人來幫我付費。」

當她和阿爾出去的時候，她試著改變習慣不再拚命記花費的數字再平分，她改變自己讓阿爾請客，「他手上拿著帳單，我差點忍不住把帳單搶過來。我本能的想付一部分錢，所以我只好坐在自己椅上，緊咬著嘴不說話來強迫自己接受。」那次約會茱莉一直在擔心所謂男女平等的問題。

約會不是開會，當別人頻頻示好時，妳不用老是想著要贏，沒有人會因為妳接受好意而質驗妳的能力，好男人是因為真心誠意才會上前示好，男人之所以約妳吃飯，是因為和妳在一起他覺得很高興，妳的赴約、妳的溫暖和優雅，對他而言就是最好的回應。

我還沒結婚以前是太獨立了，我很不願意承認自己需要別人幫助，我更恨自己真的接受他人幫忙，覺得假手他人的協助會威脅到我的獨立性，我決定要證明男人會做的事我也會做，我把接受幫助視為一種軟弱。

後來我和約翰住在一起，我甚至連帳單都想一一分開，雖然那時候他已經是全職上班族，而我還在唸大四，我還是覺得應該各人付各人的支出就好，約翰卻說全部的帳單都由他負責，這樣我打工的微薄薪水就可以留著當零用錢，那時候我拒絕了他的好意，我只想著要表現獨立。現在回頭來看，當初如果欣然接受，我就不會老是經濟拮据，不過那時我好怕接受了約翰的幫助會讓自己太過依賴他。

如果我那時決定讓約翰付帳單，我會有段時間仰仗他過日子，不過這只是我願意如此，而不是我必須如此，我知道我有能力養活自己，接受這個幫助並不會減少我的能力。回顧以前的我，我的堅決也是因為想要掌控這段感情，如果我不需要倚賴他，我就可以繼續照我的方式過日子，我那時候不明白其實約翰只是希望我快樂而已。

那時候我沒學到半點接受的藝術。

懂得接受，贏得更多約會

譚雅才剛到公司上班沒多久，她的同事馬克就想約她出去，她順服的接受約會，但是當另一個同事問她：「是運動服裝部門的馬克，還是潛水部門的馬克約妳出去？」譚雅才發現她根本不知道，只好聳聳肩的回答：「都沒關係，反正就是一個星期六要帶我出去的男人。」結果這個馬克是潛水器材部的馬克，而且後來成了譚雅的先生，譚雅真是很幸運！就算她不是很了解對方的身家細節，她還是樂於接受所有邀約。

小雷有次在餐廳想請一位女士喝杯紅酒，那位女士看起來就像是未婚又落單的坐在那邊喝紅酒，不過這位女士拒絕小雷再請她喝一杯，她當然有權拒絕，小雷沒有進一步展開追求，我們不知道這位女士拒絕的動機，不過如果妳想得到更多男士的追求，那麼就不要拒絕得那麼快。

就算妳對小雷沒有興趣，接受一杯酒，讓他坐過來聊聊天，甚至帶妳出去玩也是某種經驗，累積這些經驗才能引導妳找到最後的真愛。

當妳接受男人的禮物，他很可能因為妳接受初步的示好，沒有拒他於千里之外，因此更進一步提出約會的要求，這就是為什麼一個懂得接受的女性會得到更多交往的機會，這也表示她更有機會吸引真愛來敲門。如果妳的目標就是讓真命天子被妳吸引過來，那麼妳要養成習慣，盡可能展現女性優雅的接受男方好意，這等於在告訴全世界：「讓美好的事物都過來我身邊吧！」

有些女性覺得明明不喜歡一個男人，卻又收他的禮物是很殘忍的，因為這樣好像給對方錯誤的希望。這個顧慮是對的，吊著對方的胃口是不太仁慈，不過如果妳還沒有對該男子下定論就不需要有這個顧慮，在妳還沒有決定要不要交往就拒絕對方其實是對不起自己。男人帶著傳統的禮物向女士求愛，帶束鮮花約她吃晚餐，或是比較現代的求愛方式，幫她把電腦配備升級，幫她完成一個工作報告，接受這類的示好會讓妳覺得自己很特別，妳不會因此欠下人情。

選擇接受而非控制

通常小心翼翼想決定命運的人，最後往往就屈服於命運。
——伏爾泰（Voltaire）

妳也許認為如果情人肯送禮，妳才不會拒收呢，問題是他們都不懂得送禮物呀！這些自以為從沒收過情人禮物的女性，有些是因為對方送的不是自己想要的，所以習慣性的拒絕對方，女性如果試著想控制收到什麼禮物，有時會使送禮的男性沮喪。女人拒絕的理由千奇百怪：「我知道他買不起那個東西」、「我絕對不會穿他挑的那雙鞋出門」、「我不想和他去看電影，因為他一定又要看新上檔的動作片。」

也許妳正在思考曾經在什麼情況下拒絕情人的禮物，比如說妳怕他花光了錢而無法付房租，不管妳因為什麼原因拒絕對方的好意，重點是要認清這樣做值不值得。

假設妳的男朋友因為付房租而經濟吃緊，但是他怎麼樣也要帶妳出去約會，此時妳就要做出選擇。妳可以像他的母親一樣，告訴男朋友他負擔不起兩人去城裡消磨一個晚上，或者妳也可以當他的精神支柱，享受他的邀約共度美好時光。如果妳一直拒絕他把錢花在妳身上，想強迫他對生活更負責，妳不但放棄了對方的禮物，而且還削弱了他的氣勢，好像妳不信他能自行打理生活一樣。

如果妳選擇優雅的接受，妳就替雙方製造了親密度，讓兩人交往的關係以親密互動為優先，所以如果妳想要吸引男人並和他們一起開懷大笑，而不是為了金錢數字爭吵計較，妳就應該盡可能的接受對方的盛情。

拒絕禮物的原因

有些禮物是妳必須要拒絕的，例如當男人想吻妳但是妳並不想被親吻，這時就應該拒絕，或是我前面提到的訂婚戒指。如果這個男人不是妳要的當然要婉拒，什麼時間該拒絕禮物要看自己的感覺，如果覺得禮物還附帶著讓人不舒服的條件，那麼就不要接受。

除此之外，容我再提醒妳一次：接受！接受！再接受！

初次約會的態度

兩個人的第一次約會和平常社交應酬有哪裡不同？最大的不同是第一次約會很可能就是造就來電戀情的機會，來電是一個男人遇到一個女人並互有讚賞興奮的感覺，興奮接受讚賞的是女方，而給予讚賞的則是男方，請讓男人證明他們能夠取悅、保護女性吧！他們會用很多方法來表現男士風範，包括：

◆天冷的時候把他的外套給妳穿。
◆送妳花。
◆到餐廳吃飯會幫妳拉椅子。
◆負責餐飲和娛樂節目的花費。
◆陪妳走回家。
◆告訴妳，妳實在太漂亮了。

當女人在初次約會接受男方用心對待，她可以深深體會被人寵愛的感覺，第一次約會的態度很重要，因為這通常就是以後約會的模式，它很可能是開啟戀情的大門，甚至就此開啟了一生一世。相反的，如果妳在第一次約會禮貌的拒絕男方的好意，妳等於間接給了他一個訊息，好像妳並不想和他展開戀情。

佩蒂在約會的時候就發生這種狀況，當她第一次和安卓約會就堅持吃飯要各付各的，突然間原本愉快有趣的交談就停止了，安卓趕緊把佩蒂送回家去，也沒有晚安的吻別，之後安卓也沒再打過電話，佩蒂表示她很慶幸初次約會就發現這個男人無法「面對」一個女強人。

佩蒂不明瞭她堅持付帳其實是拒絕對方的一種形式。

雖然她的男伴並沒有說：「我想請妳吃晚餐。」但是他約佩蒂出去的意思當然包括請她吃飯，當佩蒂堅持自己付帳，安卓的解讀就會變成：「我沒有興趣接受你的殷勤。」安卓覺得既然佩蒂不給機會，他的追求意願也就大大降低，佩蒂拒絕了安卓的示好就等於拒絕了他本人。

現代女性當然有能力付自己的一半帳單，或是知道怎麼去電影院集合。倒不是現代獨立自主的女性偶爾還需要男人寵愛，應該說每個體貼有禮的男人都會爭相表現紳士風範，證明他的騎士精神，初次約會正是雙方拋開男女平等的工作模式，自然展現各自的女性溫柔和男性陽剛的最好時機。女性其實應該在約會前先做好心情轉變，放下工作上獨立能幹的自己，改以輕鬆自然的一面出門去約會，這樣有很多好處：

◆工作的事在下班之後就結束了，最後該做的一件事就是把公事留在公司，改以輕鬆的心情讓約會的男伴招待妳。

◆約會的男伴不是妳的客戶，也不是妳的小孩或工作計畫，妳不需要用相同的態度去面對他，也許既有的態度和習慣很難打破，妳可以藉著變換服裝造型來變換心情，不要把約會的男伴當成員工或兒子。

◆學著改變自己，把原來想掌控負責的習慣革除，開始養成寵愛自己的新習慣，這會幫助妳在未來建立一個幸福快樂的婚姻。

也許在職場和子女面前妳必須掌控全局，這種性格占去妳生活的絕大部分，但是有一部分的妳是喜歡被呵護照顧的，在適切的場合就應該讓這部分的特質表現出來。讓男伴在下班的夜晚寵愛妳不會有什麼損失，妳只會覺得自己更像個女人，被呵護的感覺真是太美好了。

妳越是欣然接受，對方就越殷勤示好，彷彿妳是全世界最特別的女人，妳也會越來越有女人味，妳越有女性魅力，就越能襯托出他的男性風範，兩個人剛好組成最完美契合的關係。

第 11 課

利用交友中心

Jump-Start Your Love with a Dating Service

冒險本身就很值得。

——艾美莉鄂哈特（Amelia Earhart）

想要在約會的時候表現愉快自信是需要練習的，如果妳的約會銳減或停頓，趕快去找一個交友中心報名，或是請朋友幫忙介紹對象，儘快開始經常性的約會，妳才能在約會中練習該有的自信，替自己贏得更多的約會。

不要認為婚友中心和盲目約會是給那些迫切飢渴的女人，事實不是這樣，這是很實際的約會經驗。

現在立刻開始

有些女性認為參加婚友社是內心絕望沒有安全感，格調也不夠高的人，但現在的交友網站有數百萬人上傳自己的照片在找對象，這是向普天下男人宣告自己單身可追的好方法。以前的禁忌漸漸消失，女性了解交友網站上還是有很多吸引人的單身漢可以試試看。況且除了妳以外，現在幾乎每個人都去交友網站認識朋友了（也許有些人不會說出來）。

如果妳覺得參加交友中心很不好意思，妳並不需要告訴任何人，這件事只有妳的電腦知道，妳甚至可以參加特別為順服的單身女性設立的交友中心，請參考www.surrenderedsingle.com。

交友中心可以有效的克服妳對約會的恐懼，讓妳有機會練習接受、甚至贏得愛情。

以下是我強力推薦交友服務的原因：

◆**快速得到約會：**參加交友服務馬上就取得未婚男士的聯絡管道，而且這些單身漢都是對約會有興趣的人，從此妳不會呆坐家中等電話響，妳可以自己控制生活，妳應該控制的也正是自己的生活。

◆**選擇變多了：**如果妳只有一個約會對象，妳會在他身上投注太多得失心，交友中心可以提供眾多選擇，妳不會只鎖定一人然後就放棄其他的機會。

◆**自尊心大大增加：**與其坐在家裡偷偷想著有沒有男人來約自己，還不如透過交友中心多多出去約會，滿滿的約會讓妳覺得自己行情看漲，信心大增。

◆**戰勝自我設限：**如果妳比較害羞膽小，或是缺乏和男人調情的練習，妳可能會下意識的排斥約會，參加交友中心等於宣告自己也想約會，跨越了消極的自我設限。

◆**喚醒妳的女性能量：**參加交友中心會得到很多約會，而頻繁的約會可以喚醒溫柔可人的女性魅力，即使約會結束，妳的能量還是久久不散，妳會越來越有女人味，過一陣子妳發現自己走到哪裡都能吸引男人，妳越早開始約會，就越快開始對男人散發強烈的吸引力。

◆**累積約會的練習：**如果妳想依照這本書改變約會的習慣，妳必須先有一些約會來練習妳新學到的技巧。

積極付諸行動

泊在港灣的船隻很安全，不過這不是建造船隻的目的。

——約翰謝德（John A. Shedd）

對約會要抱持著積極的態度，但不是要妳主動去追男人，女性應該積極的付諸行動，不過這個動作只是要宣告自己名花無主，告訴別人妳現在單身可追，這也是為什麼我覺得交友中心是個不錯的選擇：妳等於明確的告訴許多男人這裡有個新對象可以考慮。

我比較喜歡網路的交友服務更勝過登報徵友，因為網路提供更寬廣的交往機會，而且網路可以事先衡量安全性，讀讀對方的檔案資料再決定要不要回信。

除了參加交友中心，妳也可以請朋友幫妳介紹對象，這也是付諸行動開始約會的方法之一，只要能接觸到許多想約會的單身漢，任何方法都可以試一試。

真命天子不一定上網找妳

我們對心上人會產生單純的想望，對其他人都不屑一顧，這種不可取代的渴望是人生中最神祕難解的事。

——艾瑞斯梅鐸（Iris Murdoch）

參加網路交友對凱西的幫助很大，一開始凱西真的努力練習調情，她每天在住家附近散步會對路上的男人點頭微笑，不過她抱怨這些男人都沒有以微笑回應，一直到有一次姐姐陪她走路回家才發現問題出在哪裡。姐姐告訴凱西：「妳走路的時候頭都低低的，一直到最後一秒才突然抬頭對男人微笑打招呼，我第一次也被妳這種突如其來的低沉聲音嚇到，不知如何反應。」

凱西一方面打招呼，一方面又怕別人知道自己在宣告單身的意圖，這種衝突很明顯的在舉止之間表露出來。

不過當凱西上網登記交友，許多男士開始找她出去玩，凱西只好跳過先前的衝突猶豫，直接回覆這些男士的邀約。第一個帶凱西出去的是傑夫，他是個十足的紳士，會幫凱西開門，還帶她去一家很新穎的東方餐廳吃飯，雖然兩人並沒有擦出火花，不過凱西享受了一個愉快的夜晚，她坐在那邊聽傑夫講話，一點也沒注意到時光飛逝；另外還有個男人也邀凱西去晚餐，他把上班的糗事都講給凱西聽，凱西整個晚上大笑，開心得不得了。雖然這兩次約會都沒有進一步發展，但是他們帶給凱西整晚的燦爛笑容，她已經有一陣子沒有這種約會的感覺了，最重要的是凱西現在走路記得要抬頭挺胸，大方的和迎面而來的男人有眼神的接觸，也不排斥和男士出去交往看看。

這些約會也喚醒凱西的女性特質，凱西從內在的渴望被愛，到外在的舉手投足都更有女人味，原本凱西看起來是精明俐落的女性，不管是工作上的表現或是要房東過來換漏水的水龍頭都是那麼果斷強勢，不過這些特質在約會的時候都派不上用場，經過幾次約會以後凱西才開始認識自己的女性魅力，現在要她對男人微笑已經簡單自然多了，她可以感覺到男人對自己的欣賞：「我發現如今走在路上對迎面而來的男人微笑，他們也會對我報以友善的微笑。」

參加交友服務讓妳練習如何和男人調情說笑，妳可以像凱西一樣散發女性光采，一旦妳發掘本身的魅力，每個人都會注意到妳，不管妳走到哪裡，就會很自然的吸引男人向妳靠近。

就算妳的真命天子並沒有參加交友服務，但是等到他在書局、洗衣店或是海邊遇見妳時，他一定也會被神采飛揚的妳所吸引。

讓男人採取主動

雖然在路上對陌生人微笑調情讓人很緊張，但接到男人透過交友中心打來的電話也好不到哪裡去。

當傑瑞在網路上看到莉茲的資料打電話過來，莉茲就很緊張，所以她趕快約傑瑞出來喝杯咖啡好掛斷電話，因為緊張，莉茲拚命想掌控談話的內容。她和傑瑞喝咖啡時聊得滿開心的，所以傑瑞邀莉茲下週末再出來，莉茲就答應了。傑瑞說他回去會看看下星期有什麼音樂會，然後他又加了一句：「反正我們有彼此的電話號碼。」莉茲以為這樣表示傑瑞會再打電話來約時間，誰知道傑瑞從此沒有再打來。

「我已經宣布我現在單身，下次還可以一起出去，但是他竟然沒有回應。」莉茲向我抱怨這件事，但是莉茲除了宣布單身可追，她還多做了些別的事想控制，她作了個大動作，居然先開口約男方喝咖啡，當然傑瑞打電話過來很可能就是想約莉茲出去，不過莉茲沒有給對方機會開口邀請，她自己搶先居於主導地位，她讓傑瑞變成接受的一方，減低了他的男性主動權，男人大概沒幾個喜歡氣勢被削弱的。

當傑瑞說反正彼此都有電話是非常矛盾的，也許第一次見面不是傑瑞事先計畫的狀況，也許他並不想約莉茲出去，不過莉茲已經幫傑瑞作了主，也因此她並沒有機會知道傑瑞究竟為什麼打電話過來，她發現傑瑞並沒有在自己的一番努力之後跟著計畫走下去。

不管原因是什麼，有很多男人喜歡打電話給女人，但卻不約她們出去，妳不需要把時間浪費在他們身上，因為其他還有很多男人不需要妳的幫助，就可以自己展現積極的追求態度。

維持適量的約會

順服的單身女性應該克制在網路上主動出擊的念頭。透過交友中心追男人，那就像在現實生活約男人出去一樣，妳很有可能被男人拒絕，自己也少了被追求渴望的樂趣，與其去瀏覽男方的交友資料並寫信過去，還不如讓對方讀妳的資料，有興趣自己再過來接觸比較好。

卡蘿就是這樣做的，不過也因為三個星期內就有上百個男人透過網路交友約她，她的選擇實在太多了，她很煩惱的說：「我覺得筋疲力盡，所以就停止回覆邀約，因為我實在沒辦法和他們保持聯絡，以前我很習慣處理男人的問題，但現在我好怕自己因為沒有回覆而把關係弄糟。不過現在我不會這樣想了，那些男人並不認識我，所以我如果沒有回信他們又怎麼會生氣？我必須了解自己的能力到哪裡，好好照顧自己，一個星期頂多給三到四位男性電話，讓他們可以打電話過來，大部分的時間我甚至不開機，這樣我可以先看簡訊或留言來決定要不要回電。」

妳參加交友活動是替自己找機會，可不是讓自己有義務去討陌生人歡心，如果因為約會對象太多而覺得不勝負荷，妳可以練習只回覆部分邀請，為自己保留適中的約會數量，這樣才能放鬆享受男人的關注，隨時記得自己是個愉快可愛的女人，妳可以忽略超過能力以外的約會邀請。

有效率的電話交談

莉茲決定不再冒著失敗的風險主動要求見面，尤其是後來有不少男人透過網路交友主動打電話來約她出去，現在她有很多選擇，上次傑瑞事件所帶來的刺痛感也就慢慢減輕了。

不過現在莉茲有個新的問題：「那我應該怎麼掛斷電話？有些男的打電話過來一聊就是一個小時，可是我不想和陌生人講那麼久的電話。」如果妳在電話中聊得很愉快，當然可以講久一點，但是莉茲不習慣第一次講電話就聊那麼久，所以她就先讓打電話來的人知道她只有十五分鐘時間，莉茲告訴他們：「我只能聊幾分鐘。」她心裡知道如果電話講太久，自己就會開始煩躁不安。

為了確保簡短的電話交談也能夠明示自己願意交往的意圖，莉茲現在要掛電話之前是這樣說的：「我現在必須要掛電話了，再來你有什麼想法？」

如果對方說：「那我們星期六去看電影好不好？」莉茲就會回答太棒了，如果對方並沒有什麼進一步建議，莉茲就會知道對方的態度有所表留，因為還有很多男士透過交友中心和莉茲聯絡，她知道自己不需要為了幾個持保留態度的男人影響心情，遇到這種情況莉茲就會掛上電話，聳聳肩的把這件事拋在腦後，然後再接下一個男人的電話。

莉茲發現這個方法很好用，她回答電話的方式不失女人味，小心的點出自己不排斥約會的意願，她已經準備好要和合適的男人交往看看，對於那些只喜歡打電話和女性哈啦卻又不願進一步彼此認識的，她也不會浪費太多時間精力和對方周旋。

放低條件

人生在世最重要的就是有東西吃，有東西喝，然後有個愛你的人。

——貝漢（Brandan Behan）

湯姆比笛娜在徵友啟事要求的條件要矮了兩公分，也小了兩歲，但是這些都阻止不了他透過網路交友和笛娜聯絡，結果他們相處融洽，現在已經訂婚了，笛娜這才了解她之前設限的身高年齡並不是那麼重要。笛娜表示：「我只是照網路表格要求的把數字一一填進去，我真高興湯姆沒注意到這些條件設限。」

我看了網路交友的個人資料，有些人除了註明理想中的身高年齡，還要求個性特點、頭髮顏色、收入狀況，我心裡在想：這個女人會錯失一堆很不錯的男人。除非妳像卡蘿那樣收到過分氾濫的交友回覆，否則不需要先設限過高的門檻，盡可能保持開放中立，不要有預設立場，也許妳的真命天子和想像中的樣子完全不一樣。妳也許想設立條件事先篩選，避免愛上年紀比妳小或學歷比妳差的人，但是我不建議妳這樣做。

請記得參加交友中心是為了讓自己被追求，但如果設立了不可能達成的高標準，刷掉百分之九十九的潛在追求者，這和原本的目的就互相衝突了。既然妳沒有辦法控制誰會喜歡上妳，那乾脆開放條件讓所有的人都注意妳，妳可以享受被追求的樂趣，但是對於不來電的追求者妳也有拒絕的權利，就算妳無法回覆每一封來信，當妳看到信箱那麼多郵件待讀取，知道一整排男士等著要認識妳，妳也會感覺相當安慰。

妳應該放低條件門檻，這樣妳未來的另一半才不用突破重重困難的找到妳。

坦誠的在線上自我介紹

當妳在網路上填寫交友資料，妳應該把重點放在介紹自己，而不是設限對象，介紹自己的重點如下：

◆**內容要好玩：**表示妳覺得約會是一件有趣的事。

◆**簡單扼要：**讓別人可以很快的了解妳。

◆**誘人的吸引力：**讓別人知道妳很大方又很有女人味。

以下是一個有趣的自我介紹實例，他在交友網站吸引了數以百計的男人注意：

我嚮往羅曼蒂克的感情，報告完畢！開開玩笑……以下還有更多介紹啦！我喜歡約會可以玩得很開心，但是我更愛兩個人感覺來電的那一剎那；我喜歡冒險探索這個大千世界，但是對於平凡生活也樂在其中；我喜歡溫文有禮的男性，也欣賞男女不同的差異。我的心腸很好，也相當善解人意（我認為我是啦）。我喜歡認識朋友，喜歡熱鬧的社交場合，也喜歡兩個人互相依靠的甜蜜安靜，怎麼這麼兩極化呢？沒辦法，誰叫我是天秤座的。

另一位女性則是在檔案裡寫出自己的弱點，她寫了一句：

我剛學著上網認識朋友，所以如果我的回信很慢，或是有些害羞膽怯，那是因為我還不太習慣。

知道有位女性怯生生的在嘗試網路交友，有哪個男人不會想讓她覺得安全自在些？

以上兩則徵友檔案都附上迷人的照片。長相好壞倒在其次，照片給人的印象卻會影響對方邀約的意願，所以應該放怎樣的照片要好好斟酌一下。我看過網站上的女性照片有的手裡拿著葡萄酒或啤酒杯，有的旁邊還有男人勾肩搭背（通常男的已經被切掉了，只剩手的部分留在女方肩上），像這類的照片我都不建議。其他太過嚴肅緊繃，或是面對鏡頭不自然的照片都應該避免，有些人可能覺得這樣比較酷，但是悶悶不樂的表情實在沒有女人味；而女人如果貼上曲線畢露的照片，就好像在說「我是性感尤物」；如果放的是縮在辦公桌後面的照片，身上還穿著制服外套，感覺上就是在說：「我離不開公司。」而如果照片模糊陰暗，感覺就很像十大通緝要犯的照片。

妳不需要跳踢踏舞、穿潛水裝、拍柔焦沙龍照，或是站在大樓前來讓自己顯得很特別，理想的照片應該是簡單、清晰，只有妳自己一個人的獨照，找個心情很好的日子，拍一張面對鏡頭微笑的照片，這樣的感覺就很好。

準備談戀愛吧！

妳加入交友中心了嗎？有沒有請朋友幫妳介紹對象？此刻妳應該要展開行動，放膽去談戀愛吧。

越早讓別人知道妳是可以追求的單身女性，就能越快吸引到某個適合的男人向妳靠近。

第 12 課

放下偏見
接受邀約

Accept Dates with Men You Normally Wouldn't Go Out with

我們墜入情網不是因爲找到一個完美的男人，
而是學會如何完美的去看待一個有缺點的男人。

——佚　名

赴約並不會負債

對於來約妳出去的男人，請先放下妳的成見、猜測和對外表的第一印象，除非他看起來像黑沼澤跑出來的怪獸，否則妳都可以先接受對方的第一次邀約。

要知道對方只不過是邀請妳出去相處幾個小時，並不是馬上讓妳和他共度一生。答應一次邀約並不會有任何損失，反而可以在約會中進步。多認識不同的男人，多練習優雅的接受對方示好，妳會有更多機會找到妳的真命天子。

現在妳已經習慣逢人就微笑、請朋友幫妳安排約會、登錄交友服務中心，妳會有越來越多的邀約，這是個好現象，妳可能覺得其中某個男人特別沒有希望，心裡很想婉拒他的邀約，不過請妳盡可能給每個男人機會，等妳布下寬廣的網絡，再回頭看看這些約會過的男人來驗收成果，妳可能會對自己後來的看法感到驚訝。

接受所有邀約可以避免過早把適合自己的男人刷掉，妳應該給每個人一次機會，這樣做是放棄自己的偏見和假設，也不會憑第一印象就太早下定論，不管妳一開始的感覺如何，等妳和對方相處一個晚上以後，一定會從對方身上得到更多資訊來修正先前的判斷。

另外一個接受所有邀約的原因是有機會多練習優雅的接受好意，來約妳的男士一定會請客、幫妳開門、對妳讚美有加，妳剛好可以練習說「謝謝」，而不要脫口而出「不用了！」「我自己來。」

和一個之前妳可能會拒絕的男人出去約會只是要妳先放下偏見，不是讓妳放棄整個自我，妳只是答應和他出去消磨幾個小時，並沒有答應親吻或下次再約會等等，妳當然沒有欠對方什麼，請妳吃一次飯是男方的賭注，看看有沒有機會贏得妳的感情，妳允諾了第一次約會就已經很公平，之後沒有任何義務綁住妳，所以妳不需要覺得虧欠對方什麼。

屬於妳的個人秀

我一直有這樣的經驗，當你平靜但非常肯定的告訴命運：「我相信你；該怎麼做就怎麼做吧！」命運就會用最不可思議的方式回答你。

——歐嘉艾莉茵（Olga Ilyin）

接受所有邀約最重要的收穫，就是讓妳保持快樂的心情，妳也許之前也有過這種經驗，就是當妳從乏人問津的狀態到突然冒出幾個男人同時追求，妳的心情一定會豁然開朗。當女人有男人追的時候，她的女性能量和自信就會被喚醒，即使對某位追求者興趣缺缺，但是面對別人的愛慕還是會很開心，我的朋友甘蒂絲說這種感覺會觸動一個女人「開始放送性感魅力」，她的意思是說妳會因為別人的追求而降低武裝防衛，取而代之的是大方自信的迷人風采。

知道有人對自己傾心不已，妳會覺得魅力十足，走路洋溢著自信，微笑也充滿光采，妳的肢體語言全開，渾身散發著樂於接受的訊息，所以僅僅因為某些人愛慕著妳，就可以讓妳變得更嫵媚迷人，讓其他遇到妳的男人也深深被妳吸引，接受一個邀約，會幫助妳接二連三的吸引其他男人的注意。

所以說接受邀請的好處實在太多了，即使對方不是妳預期的人選，妳還是可以把約會當成女性魅力的練習，或是當成一連串約會季的開始，妳可以把它當成初入社交圈的個人秀，不管陪同的男伴是誰，妳都是派對裡的女主角，讓每個人都知道妳是迷人而且接受追求的女人。

有三位男性分別邀柯拉出去，但柯拉並不對他們特別有好感，不過她還是接受這三位男士的邀約，主要是想小試身手，再次回到約會交往的行列。她覺得約會可以穿上漂亮的衣服，妝也化得美美的，讓她覺得自己很美麗；她也很享受男人欣賞的眼神，當她的男伴在畫廊向他朋友布萊德介紹柯拉時，柯拉就覺得自己既嫵媚又散發著女人味。過了一個星期她去潛水的時候又遇到布萊德，布萊德記得在畫廊見過柯拉，所以就停下來和她聊了一下，誰知道大概一年後他們兩人就結婚了。

佩卓則是因為不同的原因接受所有的邀約，她剛剛認識史都華，一想到要和他約會就好興奮，不過她也不排斥和喬治出去，喬治比較沉默寡言，不是她喜歡的類型，但是佩卓知道她和史都華八字都還沒有一撇，所以她還是答應和喬治晚餐，結果她很驚訝兩人相處得還不錯，佩卓整晚開懷的笑著，也很高興喬治那麼努力的逗她開心。

接著就是佩卓期待已久的大約會，史都華下午打電話過來約佩卓直接在俱樂部見面，他的行程很趕，沒辦法來接佩卓，為了讓期待已久的約會順利成真，佩卓同意在那邊見面。等她到了俱樂部，史都華已經和他的朋友們聊得很熱絡，他大部分的時間都在和朋友聊天，對佩卓反而不是太重視。兩個約會相比較之後，佩卓對喬治的評價漸漸升高，幸好當初佩卓沒有為了等史都華的邀約而拒絕喬治，那晚和史都華的約會雖然談不上心碎，卻也教人失望透頂，多虧之前和喬治有一次愉快的約會，佩卓才能在失望的當下想起溫柔的時刻，重新振作精神繼續保持和其他男人的交往。

別說妳不會愛上他

愛是唯一真實的冒險。

——妮基喬凡妮（Nikki Giovanni）

也許妳認為只要看男人一眼，就知道未來和他有沒有可能，但是我想事先警告妳：你可能會愛上想也沒想到過的男人。

艾咪的情況就是這樣，當初卡爾一點也不吸引她，艾咪剛從分手的情傷慢慢痊癒中，所以對任何男人都特別小心，她心裡已經認定矮胖又禿頭的卡爾絕不是自己的型，可是兩人在一次滑雪旅行認識以後，卡爾就展開鍥而不捨的追求，艾咪雖然答應和卡爾出去，但是有好長一段時間她都拒絕承認卡爾的甜蜜聰明。

有一次卡爾親自釀了啤酒，準備好野餐的食物邀艾咪午餐，沒想到艾咪臨時失約，從此卡爾就死心不再打電話來，艾咪在卡爾消失以後才開始想念他的溫暖、可靠，想念卡爾的陪伴和呵護，於是她主動打電話約卡爾去聽音樂會，她知道卡爾會喜歡那類型的節目。

卡爾和艾咪現在已經結婚了，兩人生了一個女兒，艾咪仍然深深的愛著她的好先生。當初怎麼會想到兩人會有這樣的結果？決定繼續和一個不來電的男人交往並不是件簡單的事，艾咪告訴我：「剛開始我會覺得很怪，很怕到頭來還是失望，後來我告訴自己這不過是一次約會，所以卡爾才有機會贏得我的心，而且最後他真的成功了。」

這只是其中一個愛情故事，其他還有很多人都是愛上原先想都沒想過的對象，這種事情無時無刻不在發生，所以妳應該放棄事先假設，因為妳永遠都不知道何時何地會在什麼情況下愛上什麼人。

如果妳認為絕對不會愛上第一眼就不喜歡的男人，別說我沒有事先警告妳。

唯一說不的理由

覺得沒有安全感是拒絕約會的重要原因，即使妳有一絲絲模糊的不安，妳都不要冒險單獨和一個還不能相信的男子前往陌生的地方，妳的內心正在告訴妳應該小心為上。盡量待在公共場合，發現苗頭不對隨時可以拒絕對方，誰都不希望當面傷人感情，但是妳不值得拿自己的安全冒險，就算妳已經答應對方邀約，遇到這種情況還是可以變卦拒絕，這是很重要的觀念。

蓋文德貝克（Gavin de Becker）在他的著作《求生之書》（*The Gift of Fear*）提到痛苦不安的感覺通常有一定的事實基礎。舉例來說，如果一個男人在妳拒絕他以後，還是堅持要幫妳拿東西或是請妳喝飲料，表面上他好像只是熱心過了頭，但是妳心裡可能就會產生警訊，潛意識告訴妳對方不接受否定的答案，表示和這種人在一起不安全，當然有些男人相當固執己見，並不代表他們就很危險，妳應該如何分辨當中的差異呢？一個固執但可靠的男人不會強迫妳接受他的建議，如果妳已經說不想喝飲料，固執的男人會試著找別的話題和妳聊，但不會繼續逼妳喝杯飲料。貝克表示每種犯罪事先都有警訊，只要相信自己的直覺，妳可以避免成為受害者。既然妳直覺相信可能會有危險，妳當然可以隨時走開拒絕對方，當妳的內心發出這樣的警訊，妳就要自信堅決的向對方說不。

第 13 課

拒絕的藝術

Decline Dates with Dignity

我的好意完全變成致命的危險了。

——**阿特伍德**（Margaret Eleanor Atwood）

必須踩煞車的時候

如果妳在交往約會的過程不知道該如何踩煞車，妳一定會累垮自己，妳可能因為一直和不適合的男人拖延著，而錯失認識真命天子的機會，更糟的是妳會因為害怕這種情況乾脆都不要約會以免自找麻煩，只要妳相信自己有能力游到岸邊並輕鬆

當男方再一次約妳出去，但是妳約會一次後便興趣缺缺，或者妳就是要結束交往關係，這時候妳只需要簡單的說：對不起，現在我不能去。

避免讓這類男人失望的方法有兩種，一個是停止全部的約會以示公平，另外就是忍受毫無感覺的和對方繼續交往下去，不過這兩種方式都沒有辦法讓妳遇到真命天子。所以妳應該適時的讓部分不適合的男人出局，記得拒絕對方的時候要清楚明快，也要客氣有禮，雙方都保有尊嚴才是最好的方式。

上岸，跳入愛情的漩渦就不會那麼可怕。

幸好即使妳答應很多男人的初次邀約，妳並不需要一一婉拒和他們第二次約會，很多人在初次約會的時候就會從妳身上讀到暗示，如果第一次約會男方覺得妳很快樂而且很希望再見面的樣子，他們就會嘗試再次邀約；如果對方覺得妳第一次約會就不是那麼起勁，他們大概也不會再來約一次看看，像這種情形妳根本不需要特別打電話告訴對方以後不想再和他出去了。

如果妳真的接獲再次邀約但是不想赴會，妳只需要簡單的說：「真對不起，我現在不能去了。」他會懂得妳的意思。

只需說出「我不能赴約」

我們從歷史學到一個教訓，沒有什麼做法是經常可行的，但我們永遠找得到一種聰明的說法。

——威爾杜蘭（Will Durant）

有些女人覺得直接拒絕男方感覺很冷淡也很殘酷，她們寧可選擇比較友善的方式，比如告訴對方自己名花有主了，或是說最近工作或學校太忙。不過假裝名花有主可能嚇跑原先想追妳的其他人，而且這又是妳試圖控制男方情緒反應的妥協方式，這些小小的謊言有違正直，讓妳精神受損，一個順服的單身女性不應該選擇這種方式。

對於恪守凡事順服的單身女性而言，告訴對方不能赴約是一個簡單的事實陳述，這裡面不含批評抱怨，也沒有侮辱到男方自尊。而一般女性的標準回答通常會是「我覺得這樣下去不會有結果。」她們認為這樣講比較禮貌不刺耳，不過男人聽到這樣的回答反而會覺得另有含意，認為是自己表現不佳才讓女方打退堂鼓，感覺反而不好，如果妳只是說自己不能赴約，這樣既沒有貶低自己，也沒有要對方滾開的惡意，不要把責任攬在自己身上，安慰的告訴對方：「不是你的問題，是我不好。」也不要怪對方：「你不是我要的型。」更不要給男方模稜兩可的答案推託：「我最近很忙。」這樣男人一眼就看穿這是沒有誠意的藉口，既然妳要繼續往前尋找真正適合自己的男人，不太可能保留時間和這些不合適的男人繼續當朋友，妳就不該口是心非的安慰對方：「我們還是當朋友比較好。」

簡單直接說出自己不能赴約並沒有貶低任何人，妳也沒有義務要再進一步的行動說明，不能赴約有可能是妳要出國、要認真和別人交往、要斬斷情絲當尼姑，或只是沒興趣再赴第二次約會，不管男人怎麼猜想妳的理由都隨他去想，這不是妳該關注的事情。

妳該注重的是保留生活的彈性空間，讓適合妳的男人有機會進入妳的世界，對不適合的人說出「我不能赴約」就是最誠實的溝通方式，這對於尋找真命天子是很重要的步驟，唯有把不適合的人留在背後，才能心胸開放的往前繼續追尋適合自己的人生伴侶。

妳也許要和我爭辯，認為妳和其中一些男人已經約會過幾個星期或幾個月了，妳至少要給對方一個合理的解釋才有禮貌，妳會覺得「欠」對方一個說明，妳必須告訴對方究竟錯在哪裡，所以他才不合適自己。不管妳找什麼原因都不可能禮貌得起來，反而讓情況更糟，他會覺得很受傷或是很生氣，妳也會因為自己不太好的說法而產生一些後遺症，所以還不如簡單陳述以後不能赴約，但不去特別想一個原因說明，妳不需要幫忙指正男方的缺點，讓他和下一個女人約會的時候可以改進，這不是妳的義務，而且很少有男人真的因為女方指出他的缺點，就因此做一些改變。

如果有個男人打電話約妳星期五晚上出去玩，妳可以簡單回答：「我不想」或「我不要」，如果對方再問原因，妳也只需要告訴對方：「我現在不能赴約了。」萬一對方還想再問，讓他知道妳不想再討論下去就可以了。

或許妳認為男人會追根究柢的問出原因，但大部分的男人會知道這時候應該避免再質問，以免聽一大堆原因接受指責，所以一個簡短交談真的夠了，他就可以清楚的知道妳不想再約會了，其實很可能他從妳上一次約會所表現的客套禮貌，心裡隱隱知道會有這樣的結果了。

從以上例子妳可以發現簡單的電話交談就可以把分手講清楚，妳只須等他打電話來約妳再告訴對方不能赴約，不需要事先主動打電話講這種事情，如果他根本沒打電話來約第二次，根本就不用為了禮貌多此一舉。

以尊重心態交往

不要讓自己做不到的事情介入自己拿手的事情。

——約翰伍登（John R. Wooden）

假設妳登了一個廣告替公司尋找電腦專家，結果有好幾十個人來應徵，接著妳可能在看過這些人的履歷表以後，找了一半的人來面試看看，最後從當中挑選一位最適合這個工作的人選，因為只有一名空缺，妳只好拒絕其他的應徵者，妳知道這當中或許有些人覺得失望，但是妳了解這也是求職過程無法避免的事。

同樣的，約會擇友有時也必須讓某些男士失望，這是男女交往的過程之一，如果妳怕接受所有邀約，到最後讓許多男人傷心，請記得你們雙方都是成年人了，大家應該都知道約會是沒有保證一定有結果的，約會本來就隱藏著失敗的風險，約會是雙方帶著希望嘗試交往看看，但任何一方都可以回絕另一方，雙方都可能失望。

讓別人失望當然不是什麼好玩的事，所以應該帶著互相尊重的心態明快的處理，這時候不要說謊也不要使用拖延戰術，儘早解決才能保持心胸的自由開放，這也是每個自尊自重的成年人應具備的特質之一。

第 14 課

第一次接觸

Surrender on the First Date

為了善用我優良的語言能力，
所以我保持沉默。

——佚　名

約會時候保持沉默

在初次約會的時候難免想控制整個晚上的發展，妳應該做到兩件事來學著順服：

- 保持沉默，讓對方盡量的聊他想講的事，妳才可以集中精神了解自己的感受，看看這是不是自己要的。
- 給對方一個台階，讓他知道妳希望未來關係如何發展。

聽起來和順服好像有點矛盾，但其實不然。

我和大部分的女人一樣很愛講話，想到什麼就脫口而出，有時我會用這個方法讓交談不要冷場太久，也讓自己看起來有自信一點。

約會的時候我尤其健談，就算我不是要消除緊張或是炒熱氣氛，我還是講個不停，希望對方對我的妙語如珠留下深刻的印象。後來我了解自己神經質的拚命講話並不吸引人，那些男士都沒有再約我出去，我只能一次又一次的和不同的男人嘗試初次約會，接下來幾天就會因為他們不再打電話來而心情低落，也為自己在約會時的誇張言語感到沮喪。

以前如果我的口若懸河讓男人頻頻看錶，甚至決定下次不約我出去，我就會認為他們無法接受一個聰明的女人，女人本來就可以獨立思考，可以有自己的意見。事實上我讓男人覺得我處處都想控制：我只聊自己很了解的話題，我是那麼風趣，男人應該多讓我講一點，我有那麼多精彩的故事要講，連美國總統聽了應該也能印象深刻，我試著主導談話，好讓兩人在第一次約會不會有尷尬沉默的空檔，讓自己不會那麼緊張，不過這樣也讓我看起來不太迷人，連我都不喜歡這樣的自己。

第一次和約翰約會的時候我尤其緊張，因為我很想給他好印象。我還特別問我的治療師，希望不要在第一次約會就嚇跑他，我的心理治療師就要我在第一次約會的時候保持沉默，耐心傾聽對方。

一開始我覺得她的建議實在很怪，如果我在約會的時候都不講話，約翰會不會覺得我很沉悶？如果他並不健談，讓他在約會拚命找話說會不會太吃力了些？如果我不告訴約翰一些關於我的事情，那他又怎麼能了解我？心理治療師指出如果我保持沉默，我比較能注意自己和約翰在一起的感覺，而不會只想著下一句應該講什麼話題，所以我決定這次照著治療師的建議試試看。

約會那晚我從來沒那麼緊張，但又知道這次不能靠拚命講話來掩飾自己的心情，整個晚上我一直告訴自己要保持安靜，從約翰在門口出現我就開始學著沉默，不像以前會先聊一些老套的開場話，像今天的天氣怎樣，我知道等下要去的地方又怎樣怎樣，甚至開始說我上次去看舞台劇「費城故事」有多興奮等等，這次我讓約翰開口告訴我他的事，回答他問我的一些問題。

那天晚上約翰告訴我他很感謝發明了隱形眼鏡的人，要不然他戴上有框眼鏡看起來就像把兩個哈伯太空望遠鏡掛在臉上，接著他開始說自己有時候會觀察眾生百態，但並不去糾正自己看到的現象，約翰對我說：「這樣可以看到許多千奇百怪的事情，感覺上自己真像一個躲在旁邊竊笑的魔鬼呢！」

約翰的自我解嘲和幽默風趣惹得我大笑，我知道他會講笑話逗我開心，頓時覺得輕鬆不少，我也覺得很愉快，整個晚上我聽著約翰講話，一直保持著微笑，也很驚訝當我微笑沉默的時候，約翰還能把交談的氣氛保持得這麼好。

事實上我也不是坐在那裡遲疑不說話，我只不過不像平常約會那麼聒噪罷了，我除了傾聽，也會回答約翰的問題，和他閒聊一下，我用點頭來表示了解，和約翰彼此凝視，遇到有趣或開心的時候我就微笑，因為這樣我成了最善解人意的傾聽者，而且這是我有史以來第一次在約會中，就清楚知道自己對於身旁男伴有什麼感覺，我注意到約翰是一個很好相處、不愛出鋒頭但又風趣幽默的人。不像我以前約會一直想著接下來要聊些什麼，以前只有一直吱吱喳喳的東扯西扯我才覺得比較安心，但這一次我不再試著讓談話源源不斷的繼續，反而得到更愉快的享受，我甚至還有時間在心裡打分數作筆記，像「他的眼睛不錯」、「他看起來很開朗」等等。

如果當初我仍然用那種喋喋不休的方式和約翰交往，不知道我這位圓融又有點害羞的老公還有沒有機會在第一次約會討我歡心，我一定沒辦法像當初那樣開懷大笑，那次的約會也替以後的相處模式訂下先例：他帶給我歡笑，而我喜歡他的風趣。

過了很久以後約翰才告訴我當時他的感受，他也很喜歡我倆的第一次約會，因為他看得出來我很享受那次會面，他說我看起來很快樂，他覺得自己功勞不小，當我坐在那邊對他微笑，不需隻字片語就可以表達我的愉快感受，約翰覺得自己在我眼中一定很酷，沾沾自喜的他根本沒發現我的安靜不多話。

所以即使我說的不多，約翰知道我已經接受他，這點對他而言真是意義非凡，至於我是不是他遇見過最健談的女人，其實是無關緊要的。

讓男方來爭取角色的試演

一個好的聽眾不僅到處受歡迎，過一陣子他還從傾聽了解到很多事。
——威爾森米至內（Wilson Mizner）

戒掉多話的毛病讓我保持沉著冷靜，我的注意力集中於自己在想什麼、要什麼，我還是我自己，只是表現比較含蓄保留的一面，那時我還不了解自己已經成功的當一個樂於接受的角色了，這樣的我大概讓約翰覺得很有女人味，這也是為什麼我們在一九八八年三月十八日那晚可以相處得那麼愉快的原因。

我把這種不多話的方法稱為「順服的約會」，約會的時候不要去控制交談的內容和方向，我反而更清楚的聽到自己心裡的聲音。

在約會時接受順服有很多好處：

◆**更容易觀察：**當妳看得越多、聽得越多，妳就獲得更多資訊決定下次要不要再和對方約會。

◆**更有自信：**不需要連珠炮的找話說，會讓妳看起來更輕鬆自在，更有自信。

◆**更有女人味：**女人不一定要強力主導談話，如果只有微笑和回答問題，看起來會更溫柔有女人味。

◆**更善解人意：**當我們不說話的時候，就是更好的聽眾。妳的微笑傳達了信任、充滿期待的訊息，男方不需要妳幫忙，也能在這樣的默許下繼續討妳歡心。妳不用做太多努力，只需要無言的鼓勵和默許，對方就會很喜歡妳這樣的伴侶。

以前我花了那麼多心力想讓男人對我印象深刻，我拚命的表現，不停的說話，反而忘了問自己內心是不是喜歡他們的陪伴？也不知自己有沒有被對方吸引？我讓自己演了場獨腳戲，就好像去參加選角試演，而男方有權利決定要不要把女朋友這個「角色」指定給我。順服的約會讓我可以得知對方的資訊，讓我決定這個男人是不是適合我的伴侶，等於替我想要的長遠交往奠定了良好的基礎。

順服的交往

蕾蕾抱怨每次和瑪麗出去玩，她就顯得相形失色，蕾蕾告訴我：「瑪麗太會放電了，她一直在對那些男人送秋波，那些男人看到瑪麗的微笑、身段，還有玩弄頭髮的樣子，當然會對她很有興趣。可是我不要像她那麼輕浮，那副我就是出來找男人的樣子感覺好丟臉，我只希望男人也可以接近我，不過我想除非我能跳段踢踏舞還是做點什麼，否則我的機會大概很渺茫。」

不過蕾蕾真的太擔心了，有一次蕾蕾和幾個朋友在宴會中談笑的時候，榮恩就走過來搭訕，蕾蕾應該是看上去輕鬆快樂所以顯得特別迷人，那晚榮恩要到蕾蕾的電話號碼，蕾蕾回憶：「我實在不知道要對他說什麼，所以我決定用順服的方式保持沉默，我沒有特別去找話說，不讓整場都是我一個人在說話。」於是榮恩有很多時間帶動交談，找問題問蕾蕾等等。蕾蕾表示當初根本沒想到要去認識男人，沒想到榮恩不但注意到自己，兩人還開始交往。

就像約會的時候妳不需要特別證明妳自己，其他一般場合妳都可以讓男人主導談話，妳會有同樣的輕鬆自在，不管是在別人的婚禮、宴會、團體登山活動或是夜總會俱樂部等等都一樣，即使在人很多的場合，與其喋喋不休的搶著發言讓男人注意妳，還不如靜靜的散發女性魅力，妳的樂於傾聽、樂於接受，還有妳的從容沉穩會凝聚成一股強大的吸引力，反而會讓男人對妳留下深刻的印象。

表達自己的喜好或婉拒不適當的建議

能夠在挫折中還很快樂的女人，必定是既溫柔又堅強的人。她必須說服自己……她本身的價值和她的選擇都是很重要的。

——瑪雅安傑洛（Maya Angelou）

雖然在第一次約會應該盡量不要多話，但這並不表示妳就必須默許對方的怪主意，保持沉默的部分原因是為了要確切知道自己想要什麼、觀感如何，妳越能傾聽自己內心的聲音，就越能夠即時表達自己的感覺和想法。

當妳想和約會的男伴溝通自己的想法時，以下情況是很適當也很重要的例子：

◆對方問到妳的喜好（如妳想去跳舞還是想去爵士酒吧？）

◆對方建議兩個人去做某事，但這可能會帶給妳心情上或身體上的不舒服（例如他要帶妳去看恐怖片，妳怕會做好幾個晚上的惡夢；或者是去花田散步，可是花粉會讓妳過敏身體不適等等）。

不管妳的男伴詢問妳喜歡哪一種冰淇淋口味，或是要不要把敞篷車的遮篷關上，他都是考慮到妳的舒適性，他會需要妳給他答案，這時候只要簡單把自己想要的告訴對方就行了。就算對方已經事先表示他喜歡放下敞篷車的遮篷，妳還是可以很公平的告訴對方妳希望把遮篷拉上，一個好的男人會比較希望妳在約會的時候愉快舒適，而不會堅持自己想要的方式。

說出自己喜歡的選擇並不會影響妳的優雅和女人味，而是會讓妳在約會的時候更舒服，約會的時候男人都希望取悅妳，沒有人會希望妳因此不適或受傷，所以如果男方的建議會帶給妳身心上的不快，妳只要簡單的婉拒他就好了。

哪些是會引起妳的身心不適，哪些又只是單純的不喜歡，這當中的差別要注意一下。舉例來說，如果妳的男伴要帶妳去參加十八世紀的古詩朗誦班，而妳覺得那應該會很沉悶，除非對方還提議其他地方（例如聽演奏會或是搭船遊湖之類）讓妳做選擇，否則妳應該接受讀詩班的邀約，就當它是一次拓展閱讀視野的經驗，因為這樣的活動並不會對妳造成傷害。

要妳說出自己的意見是為了保護妳不要遇上對身心有真正傷害的情況，除此之外，妳都可以順服對方的提議，閉上嘴巴，儘管放膽的去冒險。

第一次約會的親吻

一點點微弱的希望就足夠讓愛情誕生。

——司湯達（Stendhal）

也許妳聽過最好和男人先當朋友再交往，也許妳覺得第一次約會就讓男人吻妳好像會被認為太容易上手，會削弱自己對男方的判斷力，妳怕萬一吻了對方，交往會進展得太快。

不過親吻沒有妳想像中那麼危險。

和一個已經是朋友的男人出去約會自然沒錯，但是剛遇到一個男人就直接進入浪漫的交往也沒有什麼不可以。

還記得我說，第一次約會就是以後約會交往的模式嗎？如果妳和對方友善的握手或朋友般的擁抱，妳等於是在告訴對方不想和他有浪漫的交往關係。如果妳深受對方吸引但是又拒絕他的吻，這是否定妳自己的感覺，好像剛剛的快樂和歡笑都不是真的，為何要這樣做呢？

請記得：如果妳想和對方有一段浪漫的交往關係，就讓他親吻你。

親吻並不會阻礙妳去了解對方，只有馬上發生性關係才會讓你們的約會從一檔一下子跳到五檔，讓妳減弱對男方的判斷力。親吻沒有那麼猛烈的作用，一個吻也許會讓妳覺得暈眩，但不會像做愛那樣讓妳一下子就心神蕩漾，妳可以在第一次約會和對方長吻一小時，如果只是親吻就沒有關係，妳不用擔心對方覺得妳很好上。

第一次約會和男人交頸熱吻，只會讓他想要更多，進而促使他打電話再約下一次見面。

也許妳還擔心自己意志薄弱，怕一旦吻下去就很難拒絕對方求歡，除非妳在約會結束後邀請對方進屋，還直接把他帶到臥室，在那種環境下熱吻當然很難拒絕上床做愛；但如果妳是在公眾的場合讓他吻妳，像是在餐廳或是在家門口，這樣的吻還是相當甜美無邪，要讓一個吻沒有性誘惑的最好方法就是待在公開場合，在家門口互道晚安的親吻。

告別前的晚安吻

當妳約會完回到家門口，如果男方沒有吻妳但是妳希望他可以這樣做，只需要站在門口，停下來望著他，妳可以在這裡和他聊天，也可以隨時躲進屋裡，但更可能的是妳會如願的得到一個吻。妳在門口站定就是給對方極佳的機會身體前傾，來個唇碰唇的晚安吻，這聽起來不容易做到，不過妳若想要一個溫柔的晚安吻，就需要去試試看。如果妳想要一個結實的吻，但是對方卻只是小鳥般的輕啄妳的嘴唇，妳可能覺得一陣錯愕，覺得被拒絕了，不過若真有男人面對眼前火熱的雙唇還如此不解風情，妳其實也不用浪費時間在他身上。

賈娜對這種告別前的要吻不吻最痛苦，她常常因為預期親吻而過度緊張，乾脆直接跑進屋內讓對方沒機會吻她，即使她真的想要一個臨別親吻也不例外，「好吧，那再見了。」賈娜常常突然一路跑上樓梯把男伴撂在背後，再從大門內和男伴告別。如果妳不想錯過浪漫的晚安吻，就要記住賈娜的例子，不要一下子從男方身邊跑開，學著開始接受親吻，妳找到真命天子的機會一定大有進展。

結束約會不需要內疚

麗塔第一次約會就覺得對方既無禮又自私，吃完飯她就想直接回家了，不過卻基於禮貌，飯後又陪著這個自大男在餐廳附近的商店逛了一下，麗塔解釋：「他開了那麼遠的車帶我去吃飯，如果我一吃完飯就堅持要回家好像有點失禮。」

當妳不想約會就結束約會並不會失禮，明知道和眼前的男人不可能擦出火花，卻還要勉強自己痛苦的找話題捱時間，這實在太虐待自己。

萬一和妳約會的對象很差勁，妳很想結束約會離開，那妳就沒有留下來的義務，如果對方問妳等下要去哪裡，妳就直接告訴他想回家，就算他沒有問妳還是可以告訴對方，妳已經準備好要回家了。

簡潔的說出自己想要的並不是一種侮辱或批判，妳不需因為對方開了很久的車，晚餐花了很多錢，或告訴妳他很喜歡妳等等，就不好意思說出真心話。既然他和妳不合，就不需要勉強自己繼續在這個約會上面拖時間。

讓他知道妳的期望

剛走在愛情的道路要很小心，先確認萬一絆倒的話對方不會笑妳，否則不要急著往對方的臂彎裡跑去。

——強納森凱洛（Jonathan Carroll）

妳現在應該比較知道第一次約會該怎麼做了，唯一的問題是萬一對方和妳討價還價怎麼辦？這部分是妳無法控制的，當妳決定要嘗試順服的約會，照理就不能去控制對方怎麼做，妳唯一能做的就是決定自己該如何反應。

不過妳還是有辦法讓男伴知道應該如何對待女人，通常大部分的男人並不需要特別指導，近四十年來女性社交改變不少，但男人追求女人的方式倒沒有什麼改變，他們會先邀女方、約會當天再去接她出來、作東請客、讓女士覺得舒適愉快、再安全的把她送回家。

不過有的男士並沒有自告奮勇要來接妳，反而提議妳在外面碰頭就好，遇到這種情況有個句子很管用：「我比較喜歡你來接我。」

如果妳是和交友中心認識的男人出去，一開始不想讓他知道妳住哪裡，這時候當然可以和他約在某個地方碰面，不過只要妳認為安全無虞，讓對方知道妳的住址沒關係，妳大可以告訴對方妳比較喜歡他來接妳。

妳不需要去解釋或證明什麼，妳只是很簡單的讓男人知道如何討妳歡心，給男人有機會選擇要不要照妳的喜好去做。請記住之所以讓男方知道如何讓妳高興，正因為第一次約會就是往後約會的模式，所以妳最好在一開始就讓男方知道應該如何對待妳。一個自願來接妳的男士扮演了保護者的角色，就算他是因為妳的提醒才懂得來接妳出去，他仍然可以覺得自己是個風度翩翩的護花使者。

如果男方對於要不要來接妳表現出一點猶豫，或開始和妳爭辯這樣合不合理、實不實際，妳可以這樣回答：「要是你今晚真的不方便過來，也許我們可以改約別的晚上再出去。」如果對方很想見妳，不管他必須開上一個小時的車，或是要在雨中走一段路，再不順路他都會很高興的前來才對。

等一下，妳在這之前不是都教我們要順服嗎？只要對方不是三頭六臂的怪模樣就應該先答應約會嗎？

是的，我在前面是這樣講過，不過在這裡我要講一個特別的狀況，男人如果在第一次約會就不太情願來接妳，這可能不是適合妳的對象，他忘了身為男人應有的一種禮節，他對於男人該呵護女人的騎士風範已經沒有感覺，也許有一天他的男子氣度會再次覺醒，不過真命天子可能正等著要認識妳，妳何必把時間浪費在這種男人身上？

邦妮很辛苦的才學會這一點，自從派瑞邀請她吃晚飯看電影，她就一直期待著這次的約會，結果約會當天派瑞打電話問邦妮是不是願意繞過去他家，然後再從他家一起出發，邦妮同意了，她先把女兒送去保母家然後就過去找派瑞。

當邦妮到達派瑞家的時候，他的眼睛充滿血絲，感覺也很冷淡，派瑞已經叫了中國餐外賣，所以邦妮覺得別無選擇，只好待在他家吃飯，還沒有吃完晚飯派瑞已經快要在沙發上睡著了，邦妮看著電視上播映的披頭四特別節目，一邊聽著派瑞打呼，然後自己悄悄回家，她對這個約會真是失望透了。

也許派瑞就是那種懶散的男人，就算邦妮表示她喜歡派瑞去接，派瑞也不一定就會出現，如果邦妮在這種情況下就告訴派瑞可能雙方真的合不來，那她也不用浪費一整個晚上的時間忍受一個恍惚差勁的男人。

能約到妳出去的男人應該再幸運不過了，妳大可選擇在家讀本好書，或是和朋友們聚聚，可是妳卻答應這個男人的約會，讓他欣賞妳燦爛的笑容，當他的溫柔良伴，如果妳沒有答應邀約，對方就沒有機會因為約到妳而覺得光榮驕傲，如果他不能體貼的來接妳，幫妳開門，請客付帳，載妳兜風然後安全把妳送回去，他就顯現不出男性的魅力。妳可以用這樣的角度來看待約會，因為男人很可能也是這樣想的。

第 15 課

充滿樂趣的約會

Make All of Your Dates Fun

笑聲是兩個人之間最短的距離。

——波　齊（Victor Borge）

做個燦爛歡樂的女神

一個宛如女神般燦爛歡樂的女子應該是很容易開懷大笑，很喜歡玩樂的氣氛，她不會是冥頑不化、嚴肅緊繃的女人。活潑快樂是她的特徵，其他的人都會受到深深的吸引，這樣的女神一微笑彷彿在散發著友善的邀請，和她約會的男人都會覺得

一份抽樣上千位男性的調查報告指出，當男人約女人出去的時候，他最希望對方和自己在一起很快樂，男人希望看到女人怡然快樂的反應。

所以如果妳希望和對方發展浪漫的戀情，第一步就是要讓男伴知道妳在約會中很開心，他已經成功的完成任務了。

約會的首要任務就是要玩得盡興，如果妳一直覺得生活充滿緊張壓力，只有退休以後才能真正的輕鬆快樂，現在是妳重新調整自己的時候，妳要先找回無憂無慮、愛玩愛笑的心情。

很有成就感，因為這位女伴和他出去竟是如此的快樂。事實上，男人喜歡和她出去主要也是因為可以感染她快樂的好心情。

歡樂女神並不代表要瘋到在桌子上跳舞，或是要講一大堆機智的笑話，她只是知道何時該無憂無慮的放輕鬆，她知道男人帶她出去是為了讓她開心，相信男人在約會那晚所做的一切都是為了取悅女伴，所以她會用全部的感官去享受約會的歡樂——品嘗美味的食物、聆聽悠揚的音樂、喜歡光腳踩進細沙的觸感，她不會擔心約會該怎麼取悅對方，也不害怕自己會不會說錯什麼話，因為這樣一來約會就不好玩了。她可以既世故又可愛，既聰明又撩人，她知道約會好玩是最重要的事，因為只有歡笑才能讓她感覺快樂，而自己快樂才能讓男伴覺得既光榮又有成就感。

如果妳的約會目的是為了讓對方留下深刻的印象，甚至希望對方成為妳的人生伴侶，妳是在試著控制對方對妳的觀感，不管他合適與否，妳都希望他變成妳要的那個人。我們約會時當然都希望從此展開一段浪漫的戀情，不過約會的真正目的應該是要玩得開心，只有快樂的約會才有可能轉變成持續的戀情，如果妳在約會玩得盡興，妳才有再見面的動力，才有更多機會認識對方，接著才有可能展開更親密的戀情。

處處皆歡樂

妳應該怎麼當一個歡樂的女神呢？

首先就是要避免抱怨。

如果妳的男伴帶妳去看一部剛上映的電影，結果去到那邊才發現排隊的人潮已經整整占據一條街，妳可以把它當成一次冒險，與其去抱怨大排長龍的久候，倒不如趁這機會看看對方如何利用等候的時間和妳聊天；如果他帶妳去泛舟害妳從頭濕到腳，妳可以玩笑似的也潑他一身水，而不是生氣的給他一拳。如果妳的男伴在車上放蓋斯布魯克的歌曲，妳雖然喜歡鄉村音樂，但剛好討厭蓋斯布魯克，此時妳可以說：「你也喜歡鄉村樂啊？」而不是對男伴講：「我最受不了蓋斯布魯克這個自以為是的傢伙了！」

約會女神會提出自己的需求，不過方法上絕對親切優雅，舉例來說，如果妳覺得冷，妳就該說出來，如果餓了、累了，或是需要休息一下，都可以用最直接的方式說出需求，不需要去責怪男伴的爛安排或是判斷錯誤，也不批評他的幽默感，所以妳不是說：「你不覺得這種天氣待在戶外實在太可笑了嗎？」而應該說：「我覺得冷」，不要說：「哪有人這麼晚才吃飯的？」妳可以改說：「哇！我肚子好餓哦！」看得出這當中的差別嗎？前一種說法都是有批判的味道，而且隱隱想要控制約會應該怎麼進行，而後者的講法就只是簡單的陳述事實。如果妳批評食物或約會的活動，對方可能覺得妳是在批評他，所以避免抱怨「這個好無聊哦」、「我以前做過了」、「這食物真難吃」，妳可以從約會的過程找出好玩的部分，把自己的注意力放在那上面。

不管約會的男伴很迷人或很噁心，女神都不會侮辱對方的人格，反正她只是與對方消磨幾個小時而已，如果她不喜歡這個人，頂多下次不要再和他約會，不需要在約會的時候打擊他的自尊，其他還有很多方法可以自己享受約會的樂趣，像是品嘗以前沒吃過的食物，去以前沒去過的地方玩，或者是看場新上映的電影，約會的目標就是要玩得開心盡興。

燦爛歡樂的約會女神有幾點特質：

◆**她總是欣然同意：**除非是會造成身心上的不適，否則她對任何事總是隨和的回答「好啊！」

◆**聰明：**她知道約會的時候不用證明自己聰不聰明，她和男人出去玩雖然不會裝笨，但是也不會極力爭辯自己才是對的，這樣的約會一點也不好玩。

◆**放輕鬆：**她不會一直看錶或提醒男伴要快一點才不會趕不上電影，她相信男伴會照顧一切細節，她知道自己不該去控制約會的進行。

◆**愉快的心情：**就算她白天上班的心情很糟，下班的時候她會把煩人的事拋在腦後，專心享受愉快的約會。

◆**樂觀：**她總相信一切事情都會很好，她知道這樣比較有機會心想事成。

◆**順服：**她不會指揮男伴應該做什麼或怎麼做，她不會建立一個控制對方的模式。

◆**自尊自愛：**她不會刻意謙虛的貶低自己，畢竟她是個燦爛的約會女神！

不要過度謙虛

最教人害怕的事情就是完全的接受自己。

——卡爾榮格（Carl Jung）

人們通常有兩個原因要謙虛一下：

1.因為想要引誘別人的肯定讚美

這是去控制對方可能會講的話，很多人會說：「我實在太胖了！」「我的舞跳得不好」，其實講話的人是希望聽到對方回答：「哦，不會啊！妳的身材好極了。」「才不呢！妳跳舞的樣子真美。」所以妳其實不是謙虛，妳只是對某些事沒有安全感，所以故意說反話引起別人給妳正面的肯定。這其實是一種以自我為中心的控制行為。

2. 為了避免害怕

朋友曾經幫我介紹過約會，我決定一開始就把自己的缺點都讓對方知道，長痛不如短痛，我不希望交往半天才為了這些缺點分開，我就這樣對他說：「我會亂刷信用卡，即使知道已經欠很多錢，我還是忍不住一直刷，負債的黑洞就越來越大，現在連銀行都打電話來了。」這不但稱不上輕鬆有趣的約會談話，還把自己弄得一點魅力也沒有。

我那時候是有刷卡過度的問題，但是我竟然和一個不太認識的男人真情大告解，這不是我想謙虛什麼的，我只是在害怕。其實除了這個麻煩我還有其他很多優點，我在學校是個頂尖的學生，我的笑容很有感染力，蔬菜義大利麵是我引以為傲的拿手菜，可是我完全沒有提到這些，因為我試著對自己的優點「謙虛」些。

謙遜就是放棄自己的天賦，拋棄自己的優點並不會讓妳比較迷人，反而像是一種虛偽，讓妳身旁的人必須一再向妳保證妳其實有哪些優點，當某人開始貶低自己，妳的第一個反應會是反駁她，告訴她其實她的花園真的很可愛，她一點也不笨拙。晚餐其實很好吃，但是妳幹嘛要說自己不會燒菜，讓大家紛紛安慰來肯定妳？

這樣的對話實在太耗費心力了，這種方式不但無聊而且很不自然。一點都不好玩！

要謙虛必須先誠實不欺，如果妳是誠實的面對自己，妳就會對自己的優點很感激。以前我們常被教導謙虛就是要公開表示自己毫無價值，我卻認為那是一種不知感恩的自欺欺人，這樣講也許牴觸了前人的說法，不過當妳謙稱自己沒有價值，這就是一種謊言，妳可以因為自己擁有的長處而覺得衷心感激。

自我尊重的方式也會鼓勵別人同樣的尊重妳，如果妳一直講自己不好的一面，和妳約會的對象可能會降低對妳的評價，畢竟當妳一直講自己的缺失和錯誤，男人在妳身上可能就只看到這些負面價值。

以自己的優點為榮

我也許不夠完美，但我的某些部分仍然很優秀。

——亞胥列布利安特（Ashleigh Brilliant）

仔細思考什麼叫謙遜？它不是虛假的謙虛自己毫無價值，真正的謙遜應該先了解自己有那些優點並引以為榮。

妳了解自己不完美，也不是最優秀的人，但在很多方面妳已經夠幸運了，謙遜是了解自己的長處，甚至知道自己也和其他人一樣擁有偉大崇高的片刻，妳了解世界上有很多才華洋溢的人，自己只不過是其中一個。這世界上有些人的縫紉技巧比妳高，投球比妳快，唱歌比妳更高亢，但是這些並不會讓妳變得一無是處，只是讓妳變得謙遜，了解自己的極限，而不要假裝自己的無能，這會是一種美麗又吸引人的特質。

瑪雅安傑洛曾經說過：「假意謙虛是一種學來的裝模作樣……講的都是些虛假的謊言，真正的謙遜是由內而生。」真正的謙遜是保持自己的優點，假意的謙虛是假裝自己沒有天賦，這和聲稱自己是十項全能的人一樣令人討厭。

那麼我又是怎麼告訴約翰我的信用卡問題？我根本不用告訴他！當我們已經開始約會，有一次他在我家就聽到銀行打電話來催繳，他聽到一些電話內容害我尷尬得臉紅起來，不過神奇的事發生了：約翰並沒有少愛我一點，或許是因為他剛吃了我的美味義大利麵，也可能因為他很欣賞我爽朗的笑聲，總之他已經了解到真實的我，知道我還有很多優點值得他繼續和我交往。

自在的做自己

順著天性去做，很快的就會成功，但如果硬要反其道而行，那比一事無成還糟上千萬倍。

——西德尼史密斯（Sydney Smith）

妳也許會爭辯做不到本章的建議，因為妳天生就不是什麼燦爛歡笑的女神，要妳只講自己的長處而不講缺點也不像妳的個性，妳本來就是比較嚴肅悲觀的人，妳認為人生就是充滿困難的工作，要妳假裝開心反而是表面的虛浮。

如果妳真的不喜歡當一個愛玩愛笑的約會女神，很可能妳只是疏於練習，妳的歡笑光明面也許埋藏在內心深處，被長久以來的沮喪、絕望和防衛所掩蓋住了，但這並不是妳真正的本質，如果妳再往更深層的內心去尋找，妳一定可以挖掘到自己還有真實的另一面，妳一定有愛歡樂，會作夢，喜歡跳舞的一面。這不影響妳成為一個有責任感的人，人生有很多事的確無法如妳所願，但是有機會的話妳還是會喜歡有段美好歡樂的時光。

或許時常玩樂和歡笑才是妳的本質，畢竟大部分的人都是這樣展開人生的，歡笑的感覺一定比憂慮來得要好，妳不一定要時時刻刻嚴肅悲觀。

妳會讀這本書就證明了妳還是很樂觀的，如果妳覺得自己沒有希望做些改變，讓愛情走入生命，就不會費事的讀到這裡，光這點就能幫助妳找到潛藏內心的歡樂與光明了。

第 16 課

保留預備人選

Keep Flirting with Every Guy You See

想得太遠也是一項錯誤，
因爲你一次只能處理命運長索的其中一環。

——邱吉爾（Sir Winston Churchill）

就算妳覺得上星期和妳出去的男人已經是夢幻極品，妳還是要繼續和其他男人調情說笑，這樣可以分散妳的注意力，不讓妳對某個對象得失心太重，幫助妳抗拒打電話給他的衝動。

妳不會從此跟在他後面追趕，或用其他方法控制他的追求，給自己多保留一些約會人選，讓自己有一些選擇，讓妳有其他事情可忙，而不是一直想著他怎麼還不打電話來。

務必保持耐心

凱莉為了詹姆士簡直如坐針氈，她約會回來以後整整一個星期都在等電話響，可惜詹姆士都沒打電話來，到了星期四她已經由期待轉成憤怒和失望，覺得詹姆士並沒有立刻展開熱烈的追求，這和凱莉預期的不一樣。

她希望詹姆士再打電話來，但是她當然不能強迫對方這麼做，所以凱莉開始轉移注意力，幸好她和泰德還有約會，還和同事打情罵俏地鬧著玩，這些都讓凱莉可以分心不去在意詹姆士，到最後詹姆士還是打電話來了，不過那是整整三個星期以後，這讓凱莉在沒有預期下覺得喜出望外。

原來詹姆士被公司派去出差，他一回來就打電話問凱莉要不要一起去看電影。

鑽牛角尖會壞事

我們不能戰勝命運天數，但是我們可以用一種更好的方式屈服於它。

——蘭德（Walter Savage Landor）

凱莉當然想控制，想知道詹姆士什麼時候會打電話來，不過凱莉對此事無能為力，就算在他的電話留言，或是想突然在他面前出現，甚至透過朋友傳遞訊息等，都沒辦法讓詹姆士在自己預期的時間打電話過來。如果凱莉真的屈服於自己想控制詹姆士的慾望，她不但會顯得很猴急，還會因為主動出擊而少了被追求的樂趣。

做為一個順服的單身女性，凱莉的唯一選擇就是接受這一切。

保持順服是一項挑戰，和其他男士繼續調情可以幫助凱莉順利度過挑戰。她把原本可能用來糾纏、生氣或衝動做決定的力氣用在其他方面——和其他男士相談甚歡。她並不是真的對泰德和同事有意思，心裡也還想著詹姆士，不過她抱持接受其他人選的態度，這樣可以幫助放鬆，讓自己開心一點。

對於追求妳的人來說，還有什麼比這個更有魅力，更容光煥發的嗎？不管他多好，約會進行得多麼順利，如果和詹姆士約會一、兩次就把他當成全宇宙的中心，凱莉可能會讓自尊心受損，也會失去內心的平靜。「為什麼他不再打電話來了？我是不是上次說錯了什麼話？」這就是在控制對方什麼時候該打電話，想掌控他對妳的看法，如果妳把精力花在苦苦思索是不是自己說錯話，那是自討苦吃的逼瘋自己，更糟糕的是萬一妳太鑽牛角尖而衝動行事，原本妳想修補的關係反而被妳破壞殆盡，妳就是不能去控制別人的行動、反應和計畫。

如果對方不打電話過來，妳就自悲自憐的埋怨自己，這種情況只會讓妳覺得更糟，把精神花在懷疑自己，會剝奪妳和其他男人互動的熱情，妳應該把力氣用在對每個遇到的男人微笑說笑，替自己開放更多的選擇。

除非妳已經和對方定下來交往，否則不要把焦點放在同一個男人身上，這就像除非妳已經確定把房子賣出去，否則不會把房子出售的廣告抽掉一樣，不要因為妳對某個男人特別有興趣，就推掉其他約會，再也不和其他男人調情。

依蓮心中謹記著這個原則，所以她雖然很興奮和保羅有了剛萌芽的交往，她還是答應和傑生出去，不過她在餐廳卻因為遇到保羅的朋友而驚慌失措，她很擔心保羅知道了會對她冷淡，隔天她和保羅見了面，保羅問她昨晚在餐廳是否用餐愉快，提到朋友遇到她的事，還半開玩笑的說：「看到沒有？我可是有眼線盯著妳的哦！」

發現依蓮和別的男人出去並沒有減低保羅對依蓮的愛慕之意，事實上保羅知道依蓮還有其他追求者之後的反應，就像妳去百貨公司看中一件衣服，那件衣服卻被別人抓在手裡是一樣的道理，那只會使妳更想從競爭者手中得到它。

開放機會給其他人

對依蓮來說，和傑生出去是一次很愉快的心情轉移，她盛裝出門，享用了一頓很棒的晚餐，感受傑生對她的欽慕，覺得自尊被抬得高高的，而保羅第二天再見到依蓮，他可能因此注意到依蓮的自信，於是更受到依蓮吸引。當妳想更了解某人，卻繼續和其他男人約會調情，這當然不是希望他會注意到妳的左右逢源，因而更受妳吸引，如果是這樣那又是在控制交往的關係了，這只是在找到對象定下來以前，還是要開放心胸的去過多采多姿的單身生活。

和男人保持調情說笑，會幫助妳在遇到真命天子的時候，一眼就讓對方發覺妳的萬種風情，妳也許以為自己已經找到白馬王子了，不過為了預防萬一，多開放一些機會又有什麼關係？調情會增加妳的女人味，而妳接收到的正面反應也會讓妳感覺很好，更重要的是它會讓妳停止無謂的擔心，妳不會一直猜想剛認識的那個男人會不會就是伴妳一生的人。

第 17 課

活在當下

Stay in the Moment

冒險只不過是深思熟慮過小麻煩；
眞麻煩才是魯莽行事的冒險。

——吉爾勃卻斯特頓（G.K.Chesterton）

無須急著規畫未來

剛開始約會的時候，請避免抱著以結婚為前提的想法去「諮詢」對方。

妳可以把結婚當成理想，但是和對方交往的時候應該順其自然，不要想操控感情的發展。

當妳不經意的問對方是否喜歡女人待在家裡照顧小孩，讓男人工作養家，妳已經不是在約會交往，而是陷入對未來的幻想。不過妳的未來和眼前這位男人可能一點關係也沒有，妳正在試探對方的回答，企圖控制兩人交往的走向。

與其控制約會對象或新男友，希望他成為妳要的那種結婚對象，倒不如把注意力集中在自己的感覺和需求，享受約會當下的樂趣。

黛娜一直問我她應該在什麼時候和派崔克討論一些重要的事，例如兩個人多久見一次面？何時兩人才算完全定下來？是否有結婚打算等等，她很怕感情會有波折，心裡很沒有安全感，很想找派崔克討論一下比較安心，黛娜很想趕快度過目前心煩意亂的感覺，於是我開玩笑的對她說：「等你們第六次約會的時候，妳可以把他壓倒在地，再反扭著他的手臂，直到他答應每天打電話給妳，順便決定結婚日期再放他起來。」

想像妳的約會已經進展到一定程度（當妳知道自己還想見到他的時候），妳可以和新情人坐下來把一切細節敲定，你們可以討論哪些假日要去公婆家，兩人應該生幾男幾女？退休以後要住在亞利桑那還是佛羅里達？能這樣一起討論不是很好嗎？

也許還不錯，不過這樣事先計畫好一切的生活似乎相當沉悶單調，當然把一切規畫好就不用擔心未來，但妳會少了許多意外的驚喜，妳可以想像，如果每件事要事先決定好，妳就不會臨時走在下雨的街道去吃印度菜，也不會臨時想拋開家人，跑去山中小木屋放鬆一番。讓命運顯示未來的人生計畫，生活可以充滿不確定和驚喜。

我們無法預測未來，我們也無法和男人強索一個真誠的允諾，雖然有時當我們特別沒耐心或沒有安全感會很希望對方給我們一些承諾，但這是不可能做到的事情，這種想要控制交往的企圖只會讓兩人關係快速走到終點。

享受現階段的生活

你不能回到過去，也不能從未來得到承諾，所以還不如好好享受現在的生活。

——帕基（Kimo Paki）

妳和某人在當下可以心有靈犀，這時候請不要分心去想未來的事情。享受當下互動的感覺，這樣妳可以更清楚的了解和妳在一起的是一個怎樣的男人，去問一些關於未來的問題其實是想測驗對方是否符合妳的擇偶條件，這樣會帶給男方壓力；妳不能在剛約會沒多久就給男伴來個二十題的性向測驗，希望確定男方對於未來和妳抱持相同的看法，這是想要把對方塑造成未來老公的形象，男方會覺得此刻自己好像隱形人一樣。

總而言之，這麼做是潛意識的想控制男方成為妳想要的那種男人，而不是順服的接受男人原本的樣子。

順服的單身女性把精神集中在當下並且樂在其中。她希望得到最好的，對於目前所經歷的一切衷心感激，她知道自己對未來無法躁進。

這不是說妳就不能規畫未來，享受當下並不是讓妳心裡想結婚，卻不敢計畫未來而和情人約會十幾年，享受當下是要妳好好品味男女交往的每一個階段，而不是人在談戀愛，心裡已經快轉到和對方結婚十週年的慶祝會。

順服的單身女性喜歡循序漸進交往，讓雙方感情自然健康的加溫，而不是在初次約會就像火山爆發一樣的提問未來。順服的單身女性知道甜美穩固的戀情是需要時間建立的，沒有其他方法可以創造她想要的幸福婚姻。

愛情咨文不適用

「我怎麼知道和對方交往有沒有未來？我是不是在浪費時間？」很不幸的，不管是黛娜或其他女性，都無法知道每一段交往會不會是浪費時間，在交往的過程是可以做些事來減少失敗的風險，但事先準備愛情咨文是不管用的方式。

總統的國情咨文是有進度的談話內容，可是妳無法用愛情咨文讓男方說出妳想聽的話：未來想不想結婚？你是不是居家型的男人？以後兩人可不可以住在娘家附近？這些話的弦外之音就是「我想現在就知道你對未來的看法是不是和我一樣，這樣才不會浪費時間交往，我要知道你會不會永遠愛我」。問題是強迫男人去做這樣的聲明根本毫無意義。女性多少知道這樣的道理，所以並不會直接逼迫男人給承諾，而是採用比較隱晦迂迴的方式來試探男人的心意。

這樣的方法仍然是行不通的。

海蒂總是在家裡新綠色沙發上和情人要求愛情咨文，因為她覺得沒有安全感，想確定自己不會被對方拋棄。海蒂現在願意承認：「我要他向我保證會永遠和我在一起，我們之間會有未來可期，不過這種談話的下場通常都很悲慘，我想連我家的沙發都希望我不要再問這類的問題了。」

南西和男友羅伊最後一次的愛情咨文並不含蓄迂迴，兩個人大吵了一架，南西正在氣頭上（其實也非常害怕），她質問羅伊到底有沒有打算娶自己，妳可以想像羅伊是怎麼回答這個弄巧成拙的問題。

渴望得到愛情咨文的背後原因常常是恐懼，如果妳不希望恐懼成真就要避免質詢式的問話，當妳覺得擔憂不安的時候，不要強迫男人說一些妳特別想知道的話，仔細注意他的舉止行動，他的行為會比口頭上的承諾更有力。

也許妳的不安全感是從心底而生，隱隱知道對方的心已經遠去，如果他電話打得少了，假日也沒有計畫和妳見面，身體的親密接觸也減少很多，那麼妳的感覺很可能就是分手前的徵兆。

不過如果妳是因為男朋友整個晚上和死黨在一起，或是晚飯時特別安靜，或是妳打他行動電話卻沒有人接，妳就開始擔心他沒有像以前那麼愛妳，這樣問題可能出在妳身上，而不是對方有問題。這是身為女朋友遲早會遇到的現實，我們都只是凡人，當這段關係的未來發展對妳越來越重要時，難免會讓人緊張兮兮，不過妳應該避免要情人再三的承諾保證，妳需要用別的方法來排解吃醋在意的情緒，對男友嚴刑拷打的逼問是沒有用的。

妳也許質疑南西的例子可能只是羅伊剛好沒有和她定下來的打算，不過他們分手的原因也有可能是南西質問的時間不對才導致這樣的結局，當時兩人都在盛怒之中，要對方承諾一生當然就更困難了，羅伊不可能在那個當口還溫柔的回答這個關係一生的問題，也許那時他真的愛南西，也不反對結婚，不過羅伊怎麼可能在吵架時去承認這點？

避免過早的安排

這個非常時刻就像一顆種籽，明日的幸福之花將自此而生。

——瑪格莉特林賽（Margaret Lindsey）

想為將來作些計畫是很自然的事情，重點是妳不要一個人太早起跑，應該等到適當的時機才開始計畫，以下我舉出幾個例子，這些都是單身女性常常過早發問的議題：

1. 婚　姻

問句舉例：「你將來想結婚嗎？」、「你的父母會逼你結婚嗎？」、「你想在幾歲的時候結婚？」

何時發問才適宜：如果妳才和對方約會過兩次就想嫁給他，或許這個想法有一天會成真，但是才約會兩次真的不適合馬上討論婚姻。妳至少要和對方定下來交往半年，經過深思熟慮再提出婚姻的討論。在這之前應該把注意力集中在彼此的感覺，確定自己想要什麼，等時機成熟了妳才能確定自己要不要真的嫁給這個男人。

經過六個月的交往，如果妳想更進一步確認兩人關係，但男方卻沒有什麼行動，妳就可以直接說出來，妳可以直接說出自己的希望，例如三個月後可以結婚等等（稍後在第二十七課會討論），但是不要去操控他的回答，強迫對方說出和妳結婚的承諾不但沒有用，也不夠正直，更讓妳喪失魅力。

2. 孩　子

問句舉例：「你喜歡小孩嗎？」、「你會想要有自己的小孩嗎？」、「你希望妻子當家庭主婦在家帶小孩嗎？」

何時發問才適宜：如果還沒有討論過婚姻的問題，就直接對男人詢問小孩的議題，妳真的問得太早了，對方如果是堅決不要小孩的男人，只要妳和他再熟一點就可以從日常談話中得知，不要在第二次約會就開始問對方喜不喜歡小孩，妳這不是在試著了解他，而是想預知妳未來和對方在一起生活的可能性。

只有在和對方互訂終身以後，妳才需要認真的和未婚夫討論小孩的議題，或者直接告訴他妳自己的想法，在這之前妳應該先確定自己是不是真的想和此人共度此生，接著才考慮小孩問題。

如果妳對這個建議覺得不妥，妳可以參考丹妮絲的故事。當她問新男友保羅有關孩子的問題時，保羅有些防衛性的回答：「我不確定是不是要生小孩。」丹妮絲很擔心如果和保羅結婚，她可能無法實現當母親的心願，所以就和保羅分手了。幾年後她聽說保羅結了婚，生了兩個兒子，成了一個有子萬事足的好男人。

保羅回答丹妮絲的問題是比較小心謹慎的，這畢竟是人生一個重大的決定，不過當保羅結了婚也更成熟的時候，他就決定想要有孩子了，也或許是他知道太太很想要小孩，所以願意調整自己作配合。

我並不是在建議妳先嫁給一個不想要小孩的男人，之後再強迫他改變想法，很多男人會暫時對生小孩感覺很猶豫，不過他們通常可以克服自己的心理障礙，接受父親的角色來讓妻子快樂。所以妳應該把注意力放在他是否深愛著妳，而不是去檢查對兩人在未來五年、十年、十五年、二十年的人生計畫是否一致。人都是會改變的，妳應該先找到一個讓妳瘋狂愛戀的男人，然後才考慮替他生兒育女，而不是為了根本還沒出生的小孩，去挑選一個合格的父親。

在小孩出生前和長大以後，要和妳結婚的男人將會是妳的人生伙伴兼愛人，他應該是妳想要一生一世都在一起的對象，即使兩人沒有小孩也甘願不離不棄才可以，他會比小孩陪伴妳更久的時間，所以應該把小孩當成婚姻的額外紅利，而不是最主要的目的。

小孩需要一對彼此相愛的雙親，這是妳給小孩最棒的禮物，所以約會的時候應該把時間用來決定對方是否適合自己，不要把注意力轉到別的地方去。

3. 金錢

問句或評論的舉例：「你的事業一定很成功」、「你一定很有錢」、「這個行業好像賺錢不容易」、「做你們這行的真的可以賺到六位數嗎？」、「我一直想住進這種高級社區，你有想過住到這樣的環境嗎？」

何時發問才適宜：妳也許以為這些問題可以幫助自己更了解對方，不過妳只是在幻想未來和對方生活是多麼富裕或多麼貧困的景象。妳已經脫離現實，飄移到一個幻想中的世界，這表示妳正在錯過當下的生活，也忽略了正在萌芽的戀情。

關心約會男伴的經濟狀況會讓妳分心，忘了關切更重要的人格特性，錢進錢出只是身外之物，對方是否慷慨大方？是否體貼周到？是否讓妳開懷大笑，讓妳整個人由內而外容光煥發起來？而妳是否又受對方吸引？這些遠比金錢重要。

妳在約會的時候就可以知道和男方有關的一切事情，甚至包括他的經濟狀況，與其拐彎抹角的去探問對方的經濟，倒不如集中精神看看兩人相處的感覺好不好，觀察他對金錢的態度又怎樣？

在我認識約翰以前，他曾經和另一個女人約會，對方在第二次約會就帶了一份高價社區的房屋宣傳單，她很興奮的拿給約翰看，約翰立刻了解她完全陶醉在對未來的想像，對自己反而不是那麼有興趣。她跑得太快，以致眼裡完全看不到約翰的存在，約會的時候她忙著編織未來幸福家園的美夢，所以就錯過了約翰的幽默笑話和衷心的讚美，也喪失了雙方浪漫互動的快樂。她其實可以在家裡自己抱著房屋廣告做美夢就好，約翰在不在場根本沒差，所以約翰在那次以後就再也不約她了。

4. 性

問句或評論的舉例：「我不相信結婚前的性愛有什麼好處。」「第一次約會我從不和人發生關係。」

何時發問才適宜：除非是對方進一步求歡才需要講這些話來避開不想要的性行為，否則第一次約會在沒有人發問的情況下就不該作這樣的陳述。

薇薇安就提早作了這樣的宣布，目的是希望賈瑞在約會的時候不要有和她做愛的企圖，但後來薇薇安還是和賈瑞發生關係，她覺得自己真像個大白癡，同時也對發生性行為有深深的罪惡感，她告訴我：「我不知道他現在還會不會把我認真說的話當一回事？」

雖然薇薇安是真心想避免婚前性行為，但她還是在沒有獲得婚姻承諾之前就違背了自己的聲明，賈瑞可能也不太看重之前薇薇安突如其來的聲明，他以為那就像小孩子嚷嚷著長大以後要當消防隊員一樣，不必太認真。

當妳想說明自己的立場或看法時，盡量避免用「絕對」或「總是」的全面性字眼，成人關係是隨時可以調整協商的，要作陳述應該是對方提到該話題妳才需要表態，不要單獨發表一個突如其來的公告。妳應該把注意力集中在自己的感覺和自己想要的事情上面，如果薇薇安是在賈瑞進一步求歡的時候，才提出拒絕婚前性行為的主張，也許賈瑞會比較認真看待薇薇安的意見。

第 18 課

區分好男人和壞男人

Separate the Good Guys from the Bad Boys

我唯一接受的專制暴君，就是內心堅定的聲音。

——甘　地（Mahatma Gandhi）

遠離三種要不得的男人

妳不能馬上知道某個男人日後是不是會讓妳心碎，但是如果妳發現他是以下三種男人其中之一，請堅決的立刻遠離他們，這樣可以保護妳陷入一段終將導致毀滅的感情。

當妳想評估約會對象的時候，請聽聽心底的聲音。

妳的直覺就像一個害羞的孩子，只想附在妳耳邊用小小的聲音耳語，妳必須花點時間讓它非常靠近妳，它才會鼓起勇氣告訴妳一些訊息。如果和妳約會的男人有些不對勁，只要妳傾聽自己內心的聲音就可以知道問題在哪裡。

同樣的，如果妳遇到一個感覺非常契合的男人，妳的直覺也會告訴妳。

這三種男人是：

◆嚴重的酒精、藥物、賭博的上癮者。
◆濫用暴力的施暴者。
◆對感情無法忠誠的人。

妳也許認為要不得的男人名單應該更長，不過以我的經驗來講，這三大類男人就是妳應該注意的所有類型了。

注意看看和妳約會的男人是不是上癮者，會不會暴力相向，能不能忠誠以待，妳才能保護自己不會遇上一連串的不快和麻煩。

期待大餐而非麵包屑

愛情是表現在行為上，而不是在言語之間。
——傑若米康明斯（Fr. Jerome Cummings）

有位女性朋友描述她會期待男朋友微醺的情況，因為他喝點酒就會感情流露；另一個女性朋友則是被男人欺騙太多次了，她開始相信所有的男人都不老實，她只有學著習慣男人的花心欺騙。這些婦女似乎從地上撿麵包屑為食就很滿足，她們不知道桌上還有豐盛的宴席可以期待，那才是她們應得的對待。

適合妳的男人應該很和善，會用他自己的方式保護妳不受傷害，他不需要灌幾杯黃湯才能講笑話唱情歌。一個好男人也許會欣賞其他女人，但是如果他已經和妳定下來，就不會再去招惹她們。

和這些不合格的壞胚子多談一分鐘感情可能就會導致以下兩種危險：妳很快的失去自我價值，開始把一些可怕的行為合理化。

妳會妨礙甜蜜貼心的好男人進入妳的生活，一來妳已經筋疲力竭了，二來他們不想侵入其他男人的領域，所以可能就不會追求妳，妳的隱形雷達正散發著「名花有主」的訊號給其他的男人，讓他們遠離。

從日常生活中觀察

妳如何知道交往的對象是不是三大類壞男人之一？尤其剛開始約會的時候較不容易察覺，可能在前幾個星期或第一個月都無從得知對方的壞習慣，不過妳如果傾聽自己的聲音，妳會得到非常清楚的警訊。

一些嫁給癮君子、花花公子和動粗男的女性朋友表示，她們在結婚以前就隱隱覺得有什麼不對勁，例如有個婦女結婚二十三年來先生總是拈花惹草，這個毛病在結婚前她就知道了；另一個妻子告訴我當年剛和老公約會沒多久，有一次吵架男朋友竟然朝她扔花盆；另外一個女性則是形容當初剛和老公交往幾個星期的時候，就發現他每天晚上都喝得醉醺醺。

警告的紅旗已經高舉，可惜這些女性朋友忽略了警訊，她們可能害怕孤獨才決心冒險試試看，又或者那時候她們不知道，自己絕不可能改變男人不良的習慣。她們一開始就知道自己要嫁的可能是怎樣一個人，所以妳也一樣事前會有警覺。

怎麼確定這種感覺呢？人們在舉手投足之間，甚至在食衣住行都會顯現自己的本性，我們身上的缺點、周遭的朋友、住處環境、個人習慣等等都會反映出我們是怎樣一個人，和妳約會的男人也不例外，在他還沒有成為妳的情人之前，一定會有一些線索讓妳知道他是怎樣的人，和他在一起的未來應該會怎樣，事實上有些男人直接會告訴妳他是怎樣的一個人。

妳的直覺不會錯

只要相信自己，你就會知道怎麼過下去。

——歌德（Johann Wolfgang Von Goethe）

當然不是每個男人都那麼容易一眼看透的，所以憑自己的直覺作判斷就變得很重要，尤其當妳不太確定的時候，照直覺走往往是最對的，如果妳覺得他好像賭得太兇了，不過不太確定，那就問問心底的聲音，也許妳看見他隨身攜帶骰子撲克牌並沒有想太多，他輸了超級盃的賭局而典當了音響也不像太嚴重的事，不過妳的直覺一定感覺到異常並且向妳發出警告，妳需要做的就是傾聽內心的聲音。

妳甚至不需要知道心中為什麼會響起警報，只要妳注意到這個警告就夠了。

有時候女性朋友告訴我她們因為過去做過很多錯誤的決定，所以擔心自己的直覺有問題，不過妳的直覺不會消失也不會錯，也許妳過去沒有聽從直覺，但是它一直在心裡等著告訴妳什麼才是最好的利益。直覺是一種靜謐的聲音，只有妳獨處思考的時候才聽得見，有時候它在妳一個人慢跑的時候響起，有時是妳在洗衣店折衣服的時候出現，妳獨自沉思的片刻，直覺就會跑出來。重點是要讓自己靜下來聽，關掉收音機、電視、電話，以及其他會讓妳分心的事情，專心等待心裡給妳的回應。

妳可以問問自己的感覺，當妳想到對方會不會很擔心？打電話給朋友證明一下自己的憂慮，如果妳不想告訴別人有關新男友的事情，那至少要自問自答一番，妳會突然看見幾個星期以來一直害怕面對的問題。

我們都很熟悉一種直覺認為是某事，卻告訴自己避開這樣的想法，也許妳注意到他每次都喝得酩酊大醉，卻辯稱他只是想放鬆一下，妳不承認自己心中所想的：他有酗酒的問題。或者妳注意到某個男同事遇到妳總是很神經質，妳告訴自己這可能是妳的關係，但後來和公司其他女同事聊起來才知道男同事的行為就是這樣，當妳發現自己在找理由替男人的行為合理化，其實就是妳的直覺想傳達一些事情。

注意心中發出的警告

如果妳不正視直覺，或是忽略它想告訴妳的事，妳可能會給自己帶來很大的麻煩。

約會的部分功用就是幫助妳搜集線索，以便判斷候選的追求者，張大妳的眼睛在婚前看清楚，這樣就不會嫁給問題多多的男人，例如他說會打電話給妳但是沒有打，這就是舉出一面紅旗，證明他會說謊，如果在約會初期就常有這些狀況，妳就沒有理由還給對方機會繼續說謊欺騙妳，妳還不如從此就把這個男人忘記。

男人身上當然不會掛著一面招牌細數自己的缺點，不過妳從他身上會看到許多明顯的徵兆，妳該做的就是注意他何時祭出紅旗的危險訊號。

有藥癮和酗酒人士常顯露出來的症狀：

- 他使用非法藥物。
- 他使用一些處方箋的藥物來提振精神。

◆他一喝酒，行為舉止就改變。
◆他希望別人管好自己就可以，不要來管他喝多少酒。
◆他因為醉酒而沒有去上班。
◆他被指控酒後駕車。
◆妳每次看見他，他都是在喝酒。
◆他每天都喝酒。

有暴力傾向的男人常出現的症狀：

◆他的前任女友聲稱她常被打。
◆他覺得男人會打女人，一定是女人做了什麼才激怒男人。
◆他的情緒時好時壞，起伏很大。
◆他在一個暴力家庭之中長大。
◆他對小動物很殘忍。
◆他憤怒的時候會摔東西。
◆他強迫妳和他做愛。

拈花惹草的男人會出現以下的徵兆：

◆他曾欺騙前任女友或前妻。
◆他的父親或重要的父執輩對他們的伴侶也是不忠。
◆他認為男人一生不是用來對一個女人忠誠的。
◆他和妳在一起時還是會和別的女人搭訕。
◆他特別喜歡收集色情電影或雜誌，或登錄色情網站。
◆他有時會解釋為何遲到了、昨天晚上去哪裡，他為了公事又做了什麼等等。
◆他拒絕使用保險套，或者提出沒有性病的健康證明。
◆他還有婚姻束縛就開始和妳約會，即使他目前分居或是正在辦理離婚也一樣。

潛意識做出預測

直覺是一種精神力，它不會解釋，只是簡單的指給妳該走的路。

——席恩（Florence Scovel Shinn）

妳是否曾經有過知道好像要發生什麼事，但又說不出究竟是什麼的時候？妳的潛意識會把搜集來的線索集中起來，然後發出妳未必意識到的訊息，這勉強稱得上是一種徵兆。潛意識是約會時最寶貴的工具，當我們為愛冒險並急於知道未來時，潛意識常讓我們隱隱猜出一些端倪，雖然我們無法得知未來，但是卻因此可以做一番合理的預測。

例如汪達就無法確切指出為什麼陶德常讓她覺得不舒服，她在開會的時候認識他，陶德的服裝得體，人也很紳士，當陶德問汪達是否可以打電話約她時，她想不出合理的原因拒絕，所以就給了對方行動電話號碼，等她有時間再去回想對方搭訕的過程，仔細辨識自己的感覺和反應，她最後決定不要和陶德出去約會，雖然她說不出個所以然，她就是知道陶德給她的感覺很不舒服。

陶德沒有真的打電話來，但兩個星期以後有個自稱是陶德太太的打電話給汪達，想知道汪達是不是和她老公有一腿。

當陶德過來搭訕的時候，汪達會知道他已結婚了嗎？其實並沒有，但汪達絕對知道有什麼地方不對勁，她怎麼知道的不重要，重要的是她知道要照著直覺行事。

只要妳肯花時間傾聽內心的聲音，照著直覺而行，知道有些問題要嚴肅對待，妳就不會在不知不覺的情況下挑到一個有嚴重缺點，完全不適合妳的男人。就算妳過去常常愛錯人，只要現在開始相信自己的直覺，妳就不會再重蹈覆轍，妳也可以從這本書參考應該避免哪些男人。

只要妳跟著直覺走，妳就可以避免愛上絕對會讓妳傷心失望的男人，也不用擔心自己會因錯誤的感情走上毀滅之路，從此可以盡情享受兩情相悅的雙人舞。

為了讓自己的直覺保持敏銳，初期的約會盡量避免和男方一起喝酒，有時候喝點酒似乎可以放鬆，也是正常社交的一部分，不過酒精會削弱妳的判斷力，如果妳想在前幾次約會多了解對方是怎樣的男人，最好是能夠保持完全清醒的判斷力。

改變雙方狀況也會削弱判斷力，包括一開始就和對方做愛也是，所以妳應該給自己足夠的時間去決定雙方要不要進一步發展到性愛關係。安妮塔就是因為第一次約會就和派崔克上床，導致後來很辛苦才認清對方，因為一開始就和對方如膠似漆，安妮塔妥協了很多事而失去了客觀的判斷。

沒多久安妮塔就發現派崔克有些問題是不能假裝沒看到的，他抱怨公司有些「賤女人」要其他女同事遠離他，說他只想上床而已，派崔克對一般的同事講出這樣貶低女性的話，所以安妮塔忍不住反駁他的看法，結果派崔克竟然掛她電話，這讓安妮塔開始思考他是不是一個很愛玩弄女性，在公司對一些女同事始亂終棄才會這樣。安妮塔開始覺得自己像傻瓜一樣，竟然也在第一次約會就讓他大占便宜。

「一開始的時候我就和他打得火熱，我沒把他看清楚，可是後來發現他真的很不好，我了解自己犯下一個錯誤。」

一見鍾情的預感

愛一個人就是見證上帝。

——雨果（Victor Hugo）

傾聽內心的聲音，如果直覺告訴妳某件事是對的，這和直覺告訴妳某件事是錯的一樣真實有力。舉例來說，妳可能約會一次就覺得對方會是和妳共度此生的人，如果直覺這樣告訴妳，很可能妳將來就會嫁給他。很多女性告訴我她們和老公認識的時候，就知道這是她們要嫁的人，這種一見鍾情的事常常發生。如果妳讓直覺告訴妳什麼是錯的，那麼妳也該相信直覺會告訴妳哪些又是對的。

我的小姑和她先生就是一見鍾情，她立刻知道自己將會嫁給他，我的仲介商第一眼看到他太太就有預感這是他要娶的女人，所以當妳發現自己好像「知道」一些不可能預測的事情，覺得某人會是陪妳到老的人，妳不需要覺得太驚訝。

忽略小缺點

如果和妳約會的男人很不錯，但卻有些小缺點，像約會遲到、賺的錢不多，甚至把成疊的髒碗盤堆在洗碗槽，妳會覺得這些事難以忍受，不過它們不是定時炸彈，並不會在未來毀掉妳的感情，這些都是雞毛蒜皮的小事，妳不需要為小事抓狂，只要妳嫁的是好男人，其他的都容易解決，你們兩人還是能過著幸福快樂的一生。

一旦妳和男方相知較深，確定他不是一個曾經傷害或欺騙過女性的壞男人，妳可以放鬆的和對方談感情，而不用擔心太大的風險，要對這個好男人有信心，他也許不是一個完美的人，卻是一個可以和妳墜入愛河的男人，雖然潛在還是有風險，妳可能最後還是要面對分手的失望，但至少妳已經排除了註定帶來心碎的壞男人，讓妳有更多的機會去贏得熱情健康、穩固持久的戀情。

第 19 課

誰是
真命天子

You'll Recognize the Man Who's Right for You

每個人都可以很熱情，
但是熱情還能讓眞正相愛的人傻得可愛。

——羅絲法蘭肯（Rose Franken）

怎麼認出好男人

只要不是三大類的壞胚子（上癮者、施暴者、拈花惹草者）都可能成為好男人，他們雖然不完美，但仍然有能力對愛人忠實呵護。

當然並不是說所有的好男人都適合妳，好男人不見得完全符合妳的理想條件。

愛上一個誠實可靠的男人往往沒有愛上壞男人那麼刺激。

這種感覺通常都是不知不覺的悄悄上身，妳必須去捉住這種微妙的吸引力，不要因為對方沒有帶給妳心蕩神馳的刺激戀情，就放棄一個看似不來電的男人。

妳很快的會發現自己迷戀上一個誠實正直，簡直像日出日落一樣可靠的男人。

那要如何去萬中選一，找到自己的真命天子呢？妳只需要確定以下兩件事：

- ◆ **妳深深受他吸引**
- ◆ **他對妳呵護備至**

當妳遇上一個合乎以上標準的男人，他就是非常適合妳的人。

判斷對方是否吸引妳

最浪漫和諧的戀情是雙方各自扮演著對方很喜歡的角色。

——伊莉莎白艾絲莉（Elizabeth Ashley）

有時候很容易就知道自己深受某人吸引，妳會覺得兩腳發軟，和他在一起的時候特別緊張，特別是知道他正在追妳時更是開心無比，這就是遇上對的男人才有的興奮狂喜。

不過這種感覺並不是每分每秒都會持續不斷的，女性有時候也會因為某件小事突然對自己所愛的男人覺得很厭惡，但不要讓自己陷入這種上下起伏的情緒之中。訣竅就在於不要看眼前枝節末端惹妳生氣的事，而是要看遠一點的捫心自問：和他在一起的感覺好不好？喜不喜歡他的碰觸？他是不是讓我快樂？幾天沒見是不是會想他？我是不是覺得他又聰明又帥氣？他是不是常逗得我大笑？

如果答案是肯定的，那麼妳已經被這個男人吸引，你們未來的關係會是一片美好光明。

小心不可靠的男人

如果妳以前常和不可預期的男人約會，現在和好男人交往會是一大進步，妳會覺得欣喜若狂，我們都希望男人如果答應要打電話或約見面，他們就應該這麼做，可惜有些不可靠的男人只是在嘴巴上興奮的滿口承諾，事後卻一點也不放心上。

實驗室的老鼠為何知道推一下操控桿就可以吃到食物？因為每次老鼠餓的時候只要一推桿子，食物就會自動出現。如果推動操控桿食物卻只是偶爾才掉下來，老鼠就會被迫多推幾次，這和人們玩拉霸機的心情很類似，一開始總是毫無結果的一試再試，最後賭金在沒有預期之下掉出來，努力多時終於有了成果當然會特別開心。

約會的情況也是這樣，讓妳有好感的男人如果說會打電話或是來找妳，但卻不是每一次都記得實現承諾，兩人的約會充滿不定數，妳會同時覺得沮喪卻又滿心期待，他的不確定性會使妳對兩人的約會特別興奮，如果這位不可靠的男人有一次真的說到做到了，妳可能會把這種贏得賭金的興奮感，和真正愛情的狂喜混淆了，這種感覺不是真正的愛情。

這就是為什麼和不可靠的男人交往比較刺激興奮，事實上如果妳同時和兩個男人交往，其中承諾有如日出般準時的男人看起來很沉悶，充滿變數的不可靠男人卻讓人印象深刻。妳看到前者出現並不會像後者一樣導致腎上腺素急速上升。

比較糟糕的是可以倚靠的男人因為沒有帶來特別強烈的感覺，妳會以為自己和老實可靠的男人不來電，其實並不是這樣，不可靠的男人只不過給妳不同程度的興奮，並不表示值得信賴的男人就沒辦法也讓妳歡喜興奮。

派蒂對查克開始有種擔心在意的感覺，每次看到他就會緊張得腎上腺素大增，經過這段戲劇張力十足的交往，每次派蒂都是又期待又怕受傷害的想著查克會不會如期出現。如果他沒來派蒂就很失望，如果他來了派蒂就好像中了樂透，但是和沉穩可靠的男人交往似乎就很單調，不過墜入情網並不單調，只是比起派蒂因為查克的心情起伏，墜入情網的感覺比較微妙一點，但愛情絕不會單調。

不來電就別勉強

愛情是火光熊熊的友情。
——泰勒（Jeremy Taylor）

如果妳的約會對象常常是騙子、吸毒者或暴力男子，等妳遇到一個好男人可能不會有相同刺激的情感，不過這不表示好男人就不吸引人，給自己一個機會多和對方相處，讓感情慢慢加溫，妳同樣會感受到愛情的喜悅。如果約會三次妳還是不想讓對方親吻，那就不要勉強，妳可能真的和他不來電，應該再繼續找適合妳的男人。

還記得艾咪的故事嗎？艾咪一開始並不喜歡禿頭的卡爾，但是在更了解卡爾以後就愛上了他，卡爾的溫暖和男性氣概早已彌補外表平庸的缺憾。不過有時事情剛好相反，一開始妳被對方外表所吸引，但是越了解他反而開始退燒，外表好看的男人如果和妳不來電，妳就不會一直對他有興趣。

甘卓遇到彼得的情況就是這樣，一開始覺得彼得真好看，朋友也都說彼得是個好人，個性溫和體貼又老實，而且彼得把她像公主一樣的捧在手心，他擺明了對甘卓的愛慕之心，這一切實在太完美了。

不過就是有哪裡不對勁，甘卓在第一次約會以後對彼得的好感似乎下降了，她還是繼續和他約會，但注意到每次說再見自己都會避免和彼得碰觸和親吻。三個月後甘卓終於承認她就是對彼得沒有感覺，兩人以後應該也不會擦出火花，她想知道自己是不是把一個很棒的追求者推出去。

如果甘卓以前老是選錯對象，我會把她的興趣缺缺歸因於彼得不能像壞男人那樣一下子讓女性有腎上腺素升高的刺激感，但甘卓並沒有那樣的感情史，她也給自己足夠的時間去接納對方，這就表示兩人就是缺少一點來電契合的感覺，雖然是很難的決定，但是甘卓還是選擇和彼得分手。

回頭看看甘卓第一次遇到彼得的情況，在她對彼得一無所知的時候就被彼得深深的吸引，但這種吸引力大部分源自於外表的美麗，等她越來越了解彼得，知道自己和對方真的個性不合，彼得帥氣的容顏再也起不了作用。

不要急著下判斷

我們尋求伴侶的慰藉，他會分享我們所選擇的生活，試著了解我們以便幫助我們，從此一路給我們慰藉。

——盧波士（Marlin Finch Lupus）

吸引的感覺會隨時改變，所以最好不要太快對男人下判斷。例如，史黛拉一開始好喜歡提姆，直到第三次約會她才發現提姆的暴躁令人反感，不過，第四次約會提姆就對上次情緒不好道歉，史黛拉在提姆道歉的時候也想起那晚自己態度有些傲慢，所以她承認自己的行為也不太對。史黛拉不但恢復對提姆的好感，她也對提姆的成熟處事印象深刻，他們知道可以一起面對日常生活的小問題，並找到很好的解決方法。

幸好因為頭兩次約會很愉快，所以史黛拉在第三次約會失敗以後還是試著和提姆交往看看，她沒有一直介意第三次的不愉快就和提姆分手。最明智的作法就是不要因為其中一人在某次表現失常，就衝動的把一段前途大好的感情硬生生切斷。

認定對妳好的那個人

吸引力是尋找真命天子的前半段測試，後半段則是要確定對方是不是真的對自己好，**一個對妳好的男人應該是：**

◆會作計畫找時間來見妳。

◆不吝給妳讚美、小禮物，給妳一個美好的夜晚（但不代表他就必須整個晚上一直撒錢，而是他想和妳分享一切）。

◆想要讓妳開心，逗妳笑，記得妳喜歡的甜點、隨時注意妳的心情。

如果男人有以下的表現，他就是對妳不好：

◆不會刻意安排要和妳見面，只有想上床才努力約妳，或不會費心給妳一個愉快的約會。

◆兩人出去玩的時候希望可以各付各的。

◆對其他女人比對妳還要注意。

男人如果對妳真誠相待，他一定會挪出時間和妳見面，也會常常打電話來，這是追求女性必須具備的基本要件，不過如果是約會剛萌芽時期，有時候男方會經過一、兩個星期才又打電話過來。這不代表他不好，只是時機尚未達到成熟，等雙方認定彼此的交往關係，一個真心的男朋友就該在一個星期內找幾次機會和妳見面。

如果妳對某位男士頗有好感，而他對妳的追求也充滿誠意，妳就不要再擔心是否選錯對象，妳可以全心投入這段感情。男人並非完人，如果他在一些小事上顯露缺點，請不要讓它太影響妳，如果他看體育轉播激動的大吼大叫，只要他和妳出去約會很在意妳的舒適和感受，那又有什麼關係呢？在妳心情低落的時候，他會送來妳最愛的花，妳又何必去在意他的吃相不雅？妳可能愛上一個把毀滅大賽車當成最佳娛樂的男人，不過每次見面都好像要被他的熱情融化，只要妳願意給他機會，他就有能力讓妳開心，那又何必為了一點小事回絕對方呢？

妳有接受或拒絕的權利

當我們批評別人，其實並沒有罵到對方什麼，反而表示我們有些地方應該被批評。

——理查卡爾森（Richard Carlson）

妳無法改變那些不珍惜妳的男人，即使妳心裡很想這麼做也沒用，順服的單身女性會放棄心中假想的形象，不強迫改造對方。順服就是放棄控制他人，把注意力放在自己身上，這也表示妳決意順其自然的接受，甚至感謝生命中自然發生的一切。

所以妳如果遇上一個迷人的男士，他的事業條件也都很好，但是他並不費時費心的愛妳、讓妳興奮、帶給妳愉快，那麼妳就不應該再把時間浪費在對方身上。如果妳發現交往的對象並不是真心待妳，那麼妳應該立刻和他分手，這和遇上惡習難改的壞男人是一樣的道理：妳值得和一個安全可靠的男人有段熱烈的感情。

可惜有時候要放手並不是那麼容易，尤其對方如果是妳很想得到的那種男人更是困難，即使對方並不愛妳妳都不想放棄，有時後妳還會幻想：也許等他工作比較不忙的時候，他就會找時間約我出去；或是當他的孩子去母親家的時候，他應該就有空了；還是等到球季結束，他應該就有時間……像這樣的癡想只會讓妳處於不好的狀況，為了控制對方的情感，妳會不惜誘騙、懇求、賄賂他，而妳卻永遠得不到對方足夠的關注。

如果妳已經一個人孤單了好一陣子，或者會認為這樣的男人有總比沒有好，甚至欺騙自己其實他也不錯，要是妳真的決定這樣交往下去，那註定是條傷心失望的不歸路。如果他連最基本的都做不到，其他的就不需要多談了，對於這些並不真心待妳或喜歡妳的男人，妳唯有放手離開，才能把空位留給真正適合妳的男人。

第 20 課

不要用性愛控制感情

Don't Use Sex to Control the Relationship

性很少只是性而已。

——莎莉麥克琳（Shirley Maclaine）

控制何時發生性關係

順服並不是什麼都建議照單全收，而是對於不在自己控制範圍內的事就優雅的接受，把注意力放在自己有能力做到的事。

決定什麼時候才和對方發生關係就是一件妳可以控制的事情。順服的單身女性

和約會對象發生性關係前，要確認自己的身心都安全，練習好好照顧自己、保護自己。

為了避免心碎的風險，至少認識對方一個月或是約會六次以後再發生性關係（以哪一個時間比較久做為標準），確定彼此交往都是獨一無二的，告訴對方自己有哪些不可愛的地方，確認妳的對象愛妳原來的本性，而不是為了約會刻意表現出來的樣子。

會先好好照顧自己，確定身體和心理都已經準備好了，才會和對方展開肉體關係，妳花愈多的時間去了解對方，妳就愈能確定自己的身心安全無虞。

既然要花一個月時間觀察對方值不值得交往，順服的單身女性不會把自己暴露在危險中，在還沒有約會六次或交往一定時間以前，絕對不和對方一起寬衣解帶。我只是建議「至少」，因為有些女性覺得應該等更久一點，有些甚至想等結婚才進行親密行為，重點就是妳必須耐心等候一段時間，確定時間點和人都對了才更進一步發展。

順服的單身女性不會拿自己的健康和感情去冒險，她絕不要成為男人眾多性伴侶的其中之一。發生關係之前她會堅持雙方彼此認定，不管是口交、愛撫、性交等等，他們必須都是對方獨一無二的親密伴侶。

解放性愛代價高

我曾經以為如果和一個剛認識的男人上床，我就自動成為他的女朋友，現在想起來自己實在太天真，真不好意思承認以前我認為身體上的親密就可以綁住兩人的感情，這個方法當然從來也沒有成功過。

那是我以前試著控制兩人關係步上軌道的方法，性是我沒說出口但強烈想讓他認定關係的企圖。

當一夜情結束以後，女性可能會認為「他真的喜歡我！」可是男方除了上床，根本沒想過要進一步展開追求，潛在的風險當然很高。

不過如果妳已經和對方約過幾次會，一起看電影、聊天、吃飯，妳就不會只是性伴侶。事實上妳和對方的戀情有可能因此而突飛猛進，因為他並不是利用一、兩次約會在誘捕獵物，如果和對方多約會幾次才發生關係，妳很有機會因此展開一段戀情；萬一妳剛好相反，在第一次見面就和對方上床，妳就沒有機會發展不涉及性愛但純粹親密的心靈關係，當妳和對方發生關係，但又不能控制他未來如何反應，妳會覺得有點受傷，順服的單身女性會設限一些原則，讓自己在發生關係以前更安全放心。

從隨興約會到認真交往

身為女人註定要被男性追求，他會用盡方法贏得妳的愛，讓妳成為他專屬的女人，這是女人與生俱來的權利之一。如果他在第一次約會就展開追求，通常他會繼續約妳才對，就像他第一次開口約妳出去一樣，有一天他也會開口對妳做出其他的邀請：

◆除了妳他再也不想和其他人約會。
◆他已經愛上妳了。
◆他想和妳做愛。
◆他希望和妳結婚。

所以女性不需要自己提出這些感情發展的進階點，尤其不要對男人說「我們應該好好談談了」，這似乎成為要對方開口承認「我愛妳」或是「我們定下來交往」的開場白。女性朋友應該保持隨興的約會，讓感情自然發展到彼此承認為男女朋友的階段，放棄控制會讓妳享受被追求的樂趣，感受成為男人唯一真愛的喜悅，同時妳對男方的愛意也會比較有自信，而不會一直擔心他到底是不是和妳一樣投入。

幸好我認識約翰時既單純又不懂世故，我甚至沒想過兩個人應該在什麼時候定下來，只是享受有他為伴的日子。然後有一天，看完電影約翰突然對我說：「我再也不約別的女人了，我只要妳。」我那時其實也有相同的感覺，就像他之前主動開口約我出去，這次也是他主動把我們的交往帶到下一個階段，在這當中我從來沒有催促要他表態。

回頭想想，當時的我就像個傻大姐一樣，完全不懂得擔心兩人進展，再加上我一直很熱衷和他在一起，讓約翰更容易開口要求彼此從朋友變情人的關係。

如果妳不要操弄、引誘、控制、命令對方必須認定妳是唯一，他自己想到這個問題並適時提出來的可能性其實很大。

繼續對每個男人微笑，就算對其中之一特別有好感，也要接受其他男士的邀約。既然妳仍然和其他男士調情約會，當某人開口要和妳成為情人，妳就有其他選擇可以好好考慮，如果妳對特定對象期待很高，要妳記住這個原則當然很難，但是逼對方承諾會適得其反，妳的控制讓他必須克服不情願被控制的心態，反而妨礙對方表白。

對性愛設限

放下耳朵讓它貼近心靈，然後仔細的傾聽。

——安賽克斯頓（Anne Sexton）

如果對方遲遲沒有開口確認下一步呢？如果妳為某人瘋狂，日復一日的和他出去約會，但他從來不認定和妳相屬的關係怎麼辦？

讓它順其自然吧！直到對方想和妳上床再攤牌。

當男人還沒有提出彼此相屬就先邀妳上床，妳必須把自己的原則告訴對方：除非雙方是彼此唯一的情人，否則妳不和朋友上床。這麼說和逼對方給承諾並不一樣，妳只是說明自己的底線，讓他選擇下一步該怎麼做，避免說：「除非你先表明對我是認真的，否則就不上床。」這種說法還是有點企圖控制對方的意思在，真正順服的方法就是簡單陳述自己的原則：「我必須先確認兩人的感情是彼此專一，才會讓自己和對方有親密關係。」

妳可以想像對方聽到妳的陳述是不是會開始思考彼此相屬的問題，他也許會回答：「除了妳我不要任何人，但我這麼說絕對不是為了和妳上床而已。」

如果妳心裡只想和某人約會，而他也說除了妳不要別的女人，妳是否應該在當下和他發生性行為？該不該真的相信他呢？

有些諂媚的男人是會甜言蜜語但口是心非，他們真正想要的只是性而已；但是好男人就不會這樣，他如果不想當妳的男朋友，知道自己不符合妳的原則，他會尊重妳的設限並退回到朋友的分際，既然妳一定和對方約會一個月以上才面臨要不要和他上床的問題，妳應該能判斷對方是不是一個好人，這時候請相信妳的直覺怎麼告訴妳。

如果妳還在評估他是不是個好人，這時和他上床絕對不是明智之舉，盡可能放慢速度多觀察看看。

減弱判斷力的危險

有些事比性愛更美妙，有些事比性愛還糟糕，但沒有一事完全和性愛相同。

——菲爾德（W.C. Fields）

就算兩人進展神速，雙方打得火熱，妳還是不應該和對方太早發生關係，因為性愛就像酒精一樣，它會讓妳的判斷力變遲緩。

順服包括讓妳擁有接受或拒絕對方的權利，如果對方不適合妳，妳一定不希望做出任何事來危害這個能力。不夠成熟的性愛會妨礙妳的判斷力，除了營造一種雙方緊密連結的錯覺，性愛還會改變妳的心理狀態，一旦妳和對方發生親密的肉體關係，就不太容易用客觀的眼光去看待對方，妳大概也就無法判對方出局了。

所以在證明對方是好男人之前，最好不要和對方發生性行為，這會讓妳把自己推入心碎難過的高危險群。

上床不能綁住男人

男人不會因為晚上的事，就讓妳支配他白天的事。

——莎莉史丹佛（Sally Stanford）

身體的熱情和相互吸引是一股強烈誘人的力量，有時等上一個月感覺實在是遙遙無期。

有時候我們甚至會有再也無法忍受的感覺，認為如果再不和他上床，他就會對自己失去興趣，那我們又要再次孤獨寂寞了。

如果妳和以前的我一樣，妳可能會認為透過性愛就可以讓男人確定愛意，問題是這個方法根本不會有用。我們是自己騙自己，假裝對方是真心渴慕的追求自己。

如果妳用性愛把男人綁在身邊，妳永遠也不知道他是否真的愛妳。

以安全為前提

最後我終於了解愛情的面貌。
——維吉爾（Virgil）

即使妳認為對方是好人，他講的都是實話，在和對方發生性行為之前還有一件事要確定的：證明他不會給妳帶來危險致命的性病。

妳可以建議兩人一起去作愛滋病原檢驗，這也是愛護自己的方式之一，等待檢驗結果需要一段時間，以此為前提可以有更充分的時間去發現對方是不是真誠無欺。妳可以用一種不帶威脅的語氣提議：「讓我們一起去做個ＨＩＶ測試吧！這樣彼此可以更放心盡興。」

我知道這樣的提議有點古怪不舒服，但這是奠定雙方關係的基石，讓兩人得以享有親密、健康、體貼的感情，他的首肯更是進一步證明他想真心投入這段感情。相反的，如果他猶豫不決，對於妳這項合理的要求覺得很勉強，這可是為了妳的健康安全以及他自己的安全呢！如果他連這樣都猶疑，證明他其實沒有真心交往的誠意。

放棄形象的控制

每個人都會有些講起來很尷尬或羞恥的事，妳不會想讓對方知道自己參加過戒酒班或墮過胎，也許妳覺得自己離過兩次婚或大學被當掉很丟臉，不管妳的情況是哪一種，它都可能在兩人交往的過程浮現，所以妳也許應該在發生親密關係之前，把一些他該知道的事講出來。

這個建議的背後有一定的邏輯，如果他聽了妳不光采的一面還是一樣愛妳，那就沒什麼好擔心的；萬一他聽了以後不能認同，妳應該高興還沒和對方太親密就及時發現，如果等到兩人上過床再來坦白，結果對方選擇離去，妳的感覺會很糟糕，當然被人甩掉的感覺就已經夠糟了，不過如果和對方上過床，感覺只有更糟的糟。

坦承祕密還有一個好處就是雙方可以培養更深厚的感情，如果他看過妳的底牌仍然只想和妳在一起，妳會感覺愛情美妙極了。

還記得我說順服就是要示弱，如果妳在坦白最深層的祕密之前就發生關係，妳是企圖用性愛防衛內心最深層的祕密，但這個辦法是沒有用的。我不是建議第一次約會就做如此私密的坦誠，但是在上對方的床以前，妳應該先確認對方是全心全意的接受妳，願意包含妳的缺點全部一起愛進去。

不要成為後宮佳麗之一

順服的單身女性為了要追求浪漫戀情和親密伴侶，必要的時候她會冒險去愛，不過她並不是有勇無謀的亂冒險一通，她了解交往的每個過程都會有不同的冒險因素。舉例來說，答應和某人出去約會一次，她只是拿一個晚上冒險，相對來說風險不大。

對一個順服的單身女性來說，和男人發生關係就是一種風險很高的冒險，不論她如何說服自己保持平常心，盡量把上床當作平凡的小事情，對一個有心找到忠貞情感的女性而言，這樣的性愛關係是沒有辦法讓人滿意的。所以她會在進行這項大冒險之前先確認安全無虞，也包括認定彼此都是對方的唯一愛侶。

如果不是這樣風險就太高了，雖然結果也可能是順利美好的，但如果可以規避風險，又為什麼要去做高危險的投機呢？

第 21 課

要不得的控制慾

There's Nothing to Fear but Your Urge to Control Him

害怕愛情就是害怕生活。

——羅　素（Bertrand Russell）

要和他人訂終身當然有些風險，妳不能控制對方是否有所保留，如果妳覺得自己想要一再確認男朋友對妳的感覺，請緊咬雙唇不要多話，用眼睛和心靈去感受對方如何努力的讓自己快樂，感受他微妙的貼心溫暖，從而相信他是真的要妳快樂，會想盡辦法逗妳開心。

如果妳在感情上有什麼不愉快，也許是因為妳一直試著去引導、批評或糾正妳的男朋友。其實這時候應該向內自省，自己的感覺是什麼？想要的又是什麼？這才是妳需要表達的訊息。請用一種實際、不帶威脅性、尊重的方式來表達想法，為了達到最好的效果，當妳提出問題開場白應該是「我覺得……」、「我想要……」，祕訣在於控制自己，給對方機會來符合妳的願望，而不是直接控制對方應該怎麼做。

當妳放棄控制以後，妳就不用擔心兩人最後會分手或離婚，再也沒有什麼比培養親密和熱情更能讓婚姻長久幸福了。

要做這些改變有時實在是一大挑戰，但妳不需一個人孤軍奮鬥，找一個快樂幸福的已婚婦女作導師，有她的支持和鼓勵，一定可以幫妳養成新的習慣。

不要詢問必敗無疑的問題

也許妳最想控制男朋友的原因就是一再確認他的愛意。

◆他喜歡我嗎？
◆我們的交往會不會有未來？
◆他覺得我漂亮嗎？
◆他會想和我訂定終身嗎？

剛開始一段新感情得失心總是特別重，因為我們不確定自己在對方心目中是怎樣的地位，問這些問題不過是想套對方的話，有失公平，就算答案是妳想聽的，妳還是會覺得心頭空蕩蕩的，因為這是妳強迫對方回答的問題，並不是他發自內心流露的真情。更糟的是問這類問題會讓兩人剛萌芽的關係出現不必要的緊張，對未來附加過重的期許，就好像小孩剛上幼稚園，妳就希望他長大要當醫生一樣，任何人都會因為壓力過重而覺得窒息。

妳真正想要的不就是希望聽到對方說他喜歡妳、愛妳、覺得妳很漂亮、希望和妳共度一生嗎？妳必須耐心等候對方覺得時間對了才主動告白，妳沒有辦法控制這個時間表，唯一的選擇就是順服而已。

如果妳覺得自己很沒有安全感，看看是否可以從對方舉止行為找到放心的慰藉，而不要滿懷希望的開口詢問。他的擁抱親吻、牽妳的手、帶妳出去、傾聽妳的問題、幫妳組合家具、幫妳加油、把外套給妳穿……這些都是他的感情表現，這遠比文字代表的意義更明顯。

如果妳仔細觀察對方行為，發現他不但在言語上沒有表示，連動作也沒有證據顯示他想和妳在一起，這又是另外一回事，妳可能在某種程度知道他永遠不會對妳真情告白，所以妳才會沒有安全感，在這種情況之下，也許這個男人並不適合妳。

不管是哪種情況，妳都無法硬要男人說出他喜歡妳，就算妳真這樣做，強逼來的答案也不會讓人真正滿意，妳應該過自己的生活，而不要去在意男朋友沒有說出口的話，妳應該好好愛自己，妳越是不急迫的逼對方表白，妳越能散發從容嫵媚的吸引力，妳的男朋友很可能因此深深著迷，反而主動說出那些妳想聽的字句。

找朋友談不安感

比起事業有成、見多識廣的陌生人，和朋友在一起所得到的收穫反而更多、更豐富，這就是友情的奇妙功用。

——珊蒂雪意（Sandy Sheehy）

與其問對方一些操控性十足的問題，還不如在覺得不安的時候找朋友談談心，如果對方是幸福的已婚婦女更好，妳可以問問她如何證明一個男人是否對自己有興趣，把妳的期望和擔憂都告訴朋友，讓她適時的鼓勵或安慰妳。

也許妳還是會有一陣陣的不安害怕，如果有位朋友可以給妳安慰，仔細聽妳說話，告訴妳她的看法，這樣妳就比較不會去逼男朋友一定要表白交心。

如果妳讓感情順其自然的發展，原本含苞萌芽的愛情就很有機會盛開綻放，不要一直想著去控制對方，而是要讓兩人保持親密感，你們很可能就此發展成夢寐以求的戀情。

我如何維持婚姻

單身女性習慣一個人打理生活中的大小事，這是理所當然的。但是當生活變成兩人行，妳可能忍不住也想控制對方大大小小的事情，至少有時候妳一定會這麼想。諷刺的是雙方感情要保持穩定，其中一個關鍵就是照以前的方式生活：把焦點集中在自己生活。

我知道要妳抑制衝動不去給對方一些有用的建議實在很難，尤其當對方的行為影響到妳的作息，如果他讓妳遲到、留了一堆東西讓妳清理、害妳丟掉放了一整夜壞掉的冷盤，妳當然會想要表達自己的感覺，但是不要用糾正、批評、貶低對方的方法去希望他更有效率。妳也許知道掛一幅畫有更快速的方法，但是除非妳想自己去動手，否則就應該尊重對方做事的方法。照妳的方法做事當然讓妳心滿意足，但是有個親密伴侶抱著妳一起大笑會更幸福。

可惜我嫁給約翰的時候還沒學到這點，因此我常和他吵嘴，爭辯床單應該怎麼鋪才對，而沒有看到他已經努力去鋪了床，我把注意力狹隘短視的集中在對方缺失，也差點毀掉自己的婚姻。

當我學會順服，知道我唯一能改變的人其實只有自己，我也發現我丈夫真心希望讓我快樂，他對我的忠誠遠超過我能想像，好像從第一次見面開始，約翰就一心保護我、愛我、幫助我，他希望一路陪我成長前進，我常常覺得從約翰身上得到的遠遠超過我的付出。

如果妳的戀情才剛展開，妳可能不用全力去理解男朋友想帶給妳快樂，他的作為值得妳的尊敬和感激，剛開始妳會有這樣的看法：其實兩個人有差異是一件很美妙的事。在戀愛初期要如此順服很容易，妳會覺得個性差異很自然，當妳習慣順服以後，請讓這種習慣一路伴著妳，這樣可以讓浪漫戀情的熱度一直持續下去，就算妳的男朋友成為另一半也不例外，他會繼續希望自己能帶給妳幸福快樂。

只要妳能放棄控制，尊重對方，不光是我的先生才會報以溫柔慷慨的回應，所有的好男人都會用相同的態度回應妻子，到現在我已經看過上千位女性朋友成功的在婚姻裡學會順服，這讓我了解做妻子的對於婚姻的幸福或失敗擁有多麼巨大的影響力。

愛與工作的差異

再沒有什麼比單相思更能讓甜美的花生醬變得索然無味了。
——查理布朗（Charlie Brown）

職場是另外一個讓妳負責任、下命令、糾正他人錯誤的地方，不過工作的目標（效率、晉升、獲利）和約會的目標（共處、交集、感情）完全是兩碼事，在情場上妳需要另一種全然不同的約會態度。

我先生約翰以前曾和一個國小三年級的老師約會，對方就沒有辦法把職場和情場的態度轉變過來。當她在下課後和約翰見面時，她還會說「坐下來！」「把東西收好」，好像把約翰當成八歲的小學生，妳可以想像這個相處方式是沒有辦法展開浪漫戀情的。

布麗姬的第一次約會是去吃早午餐，她一坐下就立刻和桌旁的侍者點好餐點，她的男伴根本沒有開口說話的機會，布麗姬開玩笑的告訴我：「他帶我去了那家餐廳，結果我立刻全場負責起來，下一次我想我會等一下，不要急著證明我在餐廳點菜有多行。」

有能力當然是一項迷人的特質，但是妳的男朋友不想當妳的手下部屬，呆呆的看妳一個人熟練的指揮全局，這種老闆作風沒有辦法讓妳成為他的伴侶，妳的態度讓他英雄無用武之地。

妳必須承認之所以和別人約會交往，有部分原因是希望不用每件事都自己做，每個問題都自己解答，妳希望有時候可以從別人身上得到一些幫助，我不是要妳裝傻變笨，只是當妳和男方在一起時，妳可以稍微休息一下，不用再忙著展現能力。

男人不會讀心術

如果我們能夠知道對方心裡的祕密，那是多麼讓人安慰的事啊！

——柯林斯（John Churton Collins）

喬安娜很努力的不去控制她的男朋友，但是當她男朋友花了一個半小時在逛體育用品店，她忍不住發火了，喬安娜向我抱怨：「我是答應和他出去沒錯，但是我希望他可以更體貼我一點。」喬安娜並沒有告訴男朋友她想離開那家店，而且喬安娜也在店裡自己逛逛商品，所以她男朋友又怎麼知道喬安娜很想離開呢？喬安娜卻堅持：「不用說也應該知道我只是禮貌性的看看。」

喬安娜真正想說的是男朋友應該讀懂她的心思，但沒有人可以做到這點，喬安娜覺得如果直接說出心裡的想法有點怪，也許還會有些無禮，其實說出「我想走了」只是一種簡單的事實陳述，表達自己的渴望是擁有親密關係不可缺少的一環。

有些女性被教導不要說出心裡想要什麼，我們不該那麼自私，不該奢求太多，但是知道自己想要什麼就簡單說出來，也是一項吸引人的特質，這樣的人看重自己，了解自己的身心性靈，這遠比心裡想什麼卻不說，然後因為得不到讓自己快樂的東西而生氣要好得太多了。

喬安娜很怕說出自己想要的等於是去控制對方，她想知道：「他會不會覺得必須按照我的話去做呢？」說出自己想要的和全力控制對方並不一樣，因為妳並沒有要求對方做任何事情，妳只是代表自己發言，利用命令、抱怨或期望對方怎麼做來達到自己的心願才是控制。舉例來說，喬安娜可以有不同方式的表達：

◆**命令式：**你最好在我生氣以前帶我離開這裡。

◆**抱怨式：**我沒辦法忍受在這種爛商店多待一分鐘。
◆**期望式：**我希望你現在就帶我離開這裡。
◆**陳述式：**「我想走了」「我不想再逛了」。

如果喬安娜可以利用最後那種陳述式簡單的表達意見，她很有機會得到想要的結果，同時還可以保持兩人戀情的親密和諧。學習如何表達自己是一項很好的習慣，說出心裡的話尤其是維持浪漫戀情不可缺少的一環，妳的情人需要這些訊息才知道如何讓妳快樂。

他會希望讓妳開心

幸福的婚姻就像一場好交易，買賣雙方都覺得自己占到了便宜。

——艾文波（Ivern Ball）

如果喬安娜的男朋友還是選擇待在體育用品店呢？

雖然這種情況難免發生，但好男人通常會以女士的快樂為優先，和妳約會的男士在做決定的時候會比較重視妳的感受。我問過上千名男士：他們認為帶給約會對象快樂是否重要，他們全都同意「這很重要」、「這是一定要的」、「這是最最重要的」、「這就是約會的一切」。

這是約會最重要的原則。

當然不是說妳的每一個心願都可以藉由約會得到實現，但是妳的男伴會在能力所及的範圍內盡量滿足妳。

舉例來說，如果喬安娜的男朋友知道離開商店會讓她快樂，他也許藉由這個機會讓喬安娜開心，但是因為他不知道喬安娜的心情，所以他就沒有選擇的機會；如果他沒辦法馬上離開那家店，他也會想別的辦法解決，也許他會把車鑰匙給喬安娜，讓她先上車吹冷氣聽音樂，然後他趕快採買完，或者他會和喬安娜約在附近的服飾店碰頭，這樣喬安娜可以先去逛街。

妳會了解他其實很注意妳的心情感受，但重點是妳必須讓他知道妳在想什麼。

海倫和陶德開始約會的時候，她原本不太相信男人會在意女人的感受和快樂，可是有一天陶德帶她出去約會，吃過晚餐海倫提起有件衣服想拿去服飾店換，但那家店再半小時就關門了，她並沒有說「我要你載我去」或是「我今晚一定要去換衣服」，結果陶德聽完馬上快速去結帳，然後飛車載海倫到服飾店去，海倫覺得讓陶德陪著自己在女裝店換衣服有點怪，平常陶德是不可能到這種店裡的，他很明顯的是想讓海倫如願開心，「我不停告訴自己，要接受、接受、接受，我簡直不敢相信他為了我真的這麼做，以前從來沒有人這樣對我，但是我最好開始學著習慣，看起來他是認真陪我交往下去。」

自以為是一番好意

有種出自於心的好意和愛息息相關，因為愛，內心最純粹的好意會從外在的舉止顯現出來。

——歌德（Johann Wolfgang Von Goethe）

如果妳要男朋友吃飯前先小睡一下，如果妳想要幫他分散投資組合的風險，或者希望在他要把碗盤放進洗碗機之前先把盤子沖沖水，妳已經從女朋友的身分變成老闆的角色了。如果妳提醒男朋友該去看牙醫，告訴他該怎麼燙襯衫，警告他不要吃膽固醇過高的食物，妳就是試著在掌管他的生活。

有些話妳覺得無傷大雅，甚至還頗有助益，但其實暗地隱藏的都是批評：

妳的說法：為什麼吃飯前你不去小睡一下？

含蓄的批評：我比你還清楚你的身體狀況。

妳的說法：你應該把盤子先沖一下水再放到洗碗機。

含蓄的批評：你洗碗的方式不對。

妳的說法：你應該要分散投資組合比較好。

含蓄的批評：你是個不太明智的投資者。

一個人要獨力經營兩人的生活實在辛苦，企圖這樣做會讓浪漫變成災難，最後造成妳因為什麼事都要做而生氣，因而失去對男朋友的尊敬，不然就是妳的男朋友厭倦好像和老媽在一起而把妳甩掉，甚至這兩種情況還會同時發生。妳要不是貶低了他的男子氣概，就是讓自己負荷過重，最糟的是妳毀了兩人之間的親密感，誰都不想和自己的媽媽或老闆睡同一張床。

某位心理治療師提到一個客戶慎重的考慮是否要嫁給男朋友，她把男朋友形容成一個無能的笨蛋，治療師指出這位女性很不尊重她的男友，還說不知道他們兩人在一起這麼不快樂，怎麼再繼續走下去？這位女士的男朋友在很多方面恰好都與她相反，她覺得自己應該找個比較相像的對象，當她決定和對方分手時，她才想起男朋友那些讓她很喜歡的特質，例如他的幽默、冒險心、完全忠誠不花心，面對即將失去對方，她才了解其實他們兩個正好完美的互補。

即使這樣，她還是克制不住的告訴男朋友他開車太快、麥片裡倒了太多牛奶、不應該浪費錢去買樂透彩，她的男朋友覺得自己做什麼都不對，他乾脆什麼也不要做了，基於惱怒和防衛的心理，她的男朋友開始抽身離開。

她掉入了指揮男朋友的模式，讓自己成了令人不快的一份子，她不知道尊重對方的決定才可以替戀情加溫，她也許以為自己做的一切都是為了男朋友好，讓他成為一個她想託付終身的人，然而這種做法已經澆熄愛情的餘燼，讓兩人的關係不進反退。

如果故事中的女性讓妳感同身受，妳的本意真的是為了男友好，其實妳很可能是想到自己的需要，這種情況只要妳是替自己說話而不控制別人，那就沒有關係。

舉例來說，如果妳希望男朋友小睡一下再吃飯，很可能是因為這樣，等妳餓了兩人就可以一起吃，這種情況建議他晚點吃似乎很合理。與其告訴他應該怎麼做，還不如把焦點放在自己，不但成功的機會比較大，還可以維持兩人的親密感，妳可以直接告訴他妳的想法：「我現在還不餓，可是等下我想和你一起吃飯。」這樣男朋友才有機會選擇，而不是在妳的命令下去做事。他可以決定是否先吃些點心，等一下才和妳吃飯，或者改天再和妳吃飯。

提醒男朋友要把盤子沖沖水再放到洗碗機似乎是很正確的做法，這樣才不會有食物殘渣留在盤子上，但是伴隨而來的侮辱卻會讓妳失去兩人的親密感，因為妳的弦外之音就是：「沒有我的指點你根本做不好」，這會讓人覺得妳不可愛又不夠親切，如果妳決定要控制對方，妳其實是決定拋棄了親密感。

妳可以試試看說出自己的感受，像「我真討厭清理盤子上的食物殘渣」，這麼說也許不能改變對方的習慣，但是他可能為了取悅妳而想辦法解決這個問題，說不定以後他就自己洗碗，讓妳休息。

也許妳想教男朋友怎麼投資，是希望可以和他有長久的未來，替未來兩人浪漫的蜜月旅行做準備。不過如果妳真覺得男朋友笨拙無能就不會想嫁給他了，所以與其批評他的投資決定，還不如提醒自己他知道自己在做什麼，把精神放在表達自己想要的，妳可以說：「我希望以後兩個人可以去夏威夷蜜月旅行」。

但如果他是真的很不會理財呢？難道不該把自己會的也教給他嗎？妳也許是出於好意，但我不建議這樣做，現在討論的是他的錢，妳根本沒有權利過問，如果他因為判斷錯誤而賠錢，下次他會知道要改變方法投資。

把建議的焦點放在自己最重要的原因是保持兩人親密感，不讓自己去指責對方哪裡做得不對，那種做法很不尊重男方，而不尊重的態度正是親密感的天敵。兩人交往並不是要對方警告自己的缺點來避免錯誤發生，而是知道妳還在摸索學習，也會一路給妳支持鼓勵，所以如果妳想和愛人親密的牽手擁抱，妳就不要爭論到底怎麼投資才有豐碩的回收，請把注意力放在自己的生活吧！

男人要求離婚比例低

當婚姻變質的時候，通常是太太先開口談離婚，往好處看這表示當女人結了婚，她很有機會成功的經營婚姻，反正不管多糟的事情發生了，男人通常不會開口要求離婚。很多女性聽到我這麼說都覺得很驚訝，因為我們常聽到的是離婚率居高不下，而不是有九成的離婚都由妻子提起。不過現在妳知道順服可以維持親密感，婚姻也會因此更穩固，當妳一開始交往就學著順服，將來妳會遇到離婚的機會就很渺小。

我和上千名有婚姻問題的女性朋友聊過，經驗告訴我以上的統計數據，這些再婚婦女告訴我第一次婚姻失敗的狀況，她們大小事情都要做，甚至連最後提出離婚訴訟也要自己來，不過等她們開始練習順服，她們才了解之前其實是在婚姻裡處處控制，最後還親手結束了婚姻。

雖然我也曾經考慮過要離婚，但我先生約翰似乎沒想過這個事情，事實上當有記者問約翰當時我那麼愛控制，他怎麼還能和我生活在一起？約翰聳聳肩的告訴記者：「其實也不是全然那麼糟。」我猜他的忠誠讓他不去看我的缺點，而我那時卻仔細審視著他的缺點。

有種方法可以把寂寞冷淡的婚姻轉變成妳一心嚮往的關係，當妳約會的時候就要有信心會遇到適合妳的男人，妳將和他互許一生，至死不分。

妳有這個能力做到這點，這就是婚姻的責任。

婚姻幸福者能給妳忠告

有種出自於心的好意和愛息息相關，因為愛，內心最純粹的好意會從外在的舉止顯現出來。

——歌德（Johann Wolfgang Von Goethe）

所以妳應該養成哪些重要的習慣，好讓妳和另一半快樂的共度一生？如果妳有個快樂的已婚朋友可以給予支持鼓勵，那會是很有幫助的。

有些女性會尋求母親的支持，但如果妳從小看著父母分居或疏離，就沒辦法期望母親給妳好的建議，即使妳的雙親感情和睦，也把他們相處的訣竅傳授給妳了，但是這種老配方不見得適合現代人的生活。

要從粗糠中挑出麥粒並不容易，從朋友中挑出一位愛情軍師也一樣，單身朋友當然無法告訴妳如何在婚姻中找到安定和熱情，不快樂已婚的朋友也愛莫能助，受限於現實的束縛，婚姻也不像電影和小說的情節，這些都不是妳應該參考的對象。

妳也許認為從不快樂的怨偶身上可以學到哪些事不能做，但這個方法不會有用。他們本身不但不能鼓舞人，還可能引出妳自己的恐懼，況且有太多因素都會讓婚姻變得悲慘不幸。但是要讓婚姻保持甜蜜卻只有簡單的幾項原則，所以妳應該選擇容易學習的後者，向做對的人吸取經驗。

最好的方法就是尋找一個婚姻幸福的女人，而對方的婚姻正是妳嚮往的關係，這樣的女性朋友就很適合當妳的愛情顧問。

妳也許有一個讓妳羨慕的已婚朋友，她常和先生一起大笑，彼此都很看重對方，從肢體的互動上也看得出兩人相愛，這些都是親密關係的表現，任何有這種婚姻關係的女性都可以給妳明智的意見，從妳開始約會到步入禮堂都可以請教她們。如果妳對男朋友很沒安全感，或者一直想去控制對方，妳更應該和這些已婚的感情導師談一談，她會陪妳審視一遍現實狀態，緩和妳的恐懼，告訴妳幸福就在不遠的前方。

要讓感情保持在正確的軌道運行，最好的方法就是請教一個婚姻最幸福快樂的女子，讓她來幫助妳達到同樣目標。

第 22 課

相信他的能力

Trust His Capabilities

每個人都有比我優秀的一面。

——愛默生（Ralph Waldo Emerson）

不要問「你會做什麼？」

「鵝媽媽和格林」的漫畫裡有一則是格林（一隻狗）和一隻貴賓狗約會，對方一直警告牠前面路況有柵欄、燈柱和消防栓等等，漫畫的最後是格林眨著大眼睛說：「這是我最後一次和導盲犬約會了。」

在妳生命中的男人希望妳即使不喜歡，也可以尊重他的決定、想法和品味，也就是說妳必須克制去批評、貶低或命令他；就算妳覺得某些事自己比較在行，也不要試著想教他怎麼做才恰當，因為這些都是控制對方的行為，妳應該要相信他是個聰明有能力的男人。

適合妳的男人並不需要妳的拯救；他不需要妳幫忙完成學業，不用妳幫他撫養小孩，也不需要妳讓他搬進來方便照料。他喜歡妳是因為他需要一個愛人、一個朋友，他不需要一個治療師或另一個母親，妳愈是相信他的能力，他愈是有強烈的責任感不能讓妳失望。

大部分的男人也和格林一樣，不需要女人在旁邊幫他們看路，誰都不喜歡被嘮叨著要小心。科林大概也很受不了這一套，當他對女朋友喬安說自己想買一輛摩托車，喬安的反應竟然是：「我不希望你發生任何意外。」

摩托車當然有點危險，但是因為科林買車就假設他會受傷或死亡就有點誇張，這完全顯示喬安不相信科林能夠注意自己的安全，她沒有把握機會和科林一起為新摩托車開心興奮。

順服吧！

悲觀、不信任、照管、糾纏都是控制的形式，這些會耗盡雙方的熱情，現在是相信對方的時候了，他可以自己照顧自己，妳應該尊重他在生活中所下的決定。

他不需要妳的拯救

生活中最大的幸福，就是堅信有人愛著我們，不管我們是怎樣的人，都會有人愛我們。

——雨果（Victor Hugo）

丹妮爾抱怨每次都喜歡上一些失敗的男人，他們交女朋友簡直是在找人代替母親。這表示丹妮爾在這些交往關係之中常常幫助男朋友，當某任男友事業遇上瓶頸，她自告奮勇要教對方做房地產生意；另一個男友沒有時間去買過節禮品，所以她幫忙挑選耶誕禮物；還有一個時常覺得沮喪，所以丹妮爾一直試著幫他振作起來，到最後丹妮爾總是覺得被對方利用了，卻忘了當初其實都是她自己主動要求幫忙的，也難怪這些戀情一一告吹。丹妮爾真正想做的是幫助男人變成她想要擁有的對象，這其實就是控制。

丹妮爾告訴我：「我只是想表現友善，期望他們也可以給我相同的回報，但最後他們都變得需索無度。」這些男人都沒有回應丹妮爾的努力付出，也沒有因此變成她想要的那種男人。

幸好還是有很多單身男士等著要認識妳，他們的動機不是讓妳幫忙打履歷表，也不是要妳幫忙帶小孩，要停止吸引那些情感上或經濟上需要幫助的男人，就是不再自告奮勇的要求幫助他們。

時常幫助男人或替他們做些事很快會耗盡妳的心力，因為妳除了要照料自己都快忙不過來的生活，現在還要操心兩個人的生活，當妳把注意力從自己的日常活動和喜怒哀樂移開，轉而去注意對方的活動和情緒時，妳很可能會因為對自己疏於愛護，變得越來越暴躁易怒。原本妳可以舒服的窩在沙發上看半小時的書，卻因為要去乾洗店幫男朋友拿衣服而泡湯，妳會開始覺得有壓力，漸漸懷念起不用當老媽子的優閒日子。

幫助男人（即使他們總是要求妳幫忙）其實是親密關係的殺手，想想如果母親趁妳不在家過來幫妳整理房間，妳會不會覺得窒息得透不過氣？妳當然會覺得感激，但妳也會有被侵犯的感覺，甚至退回當小孩被照顧的狀態。當我們評估男人的生活，指出哪裡有缺失，然後斬草除根的幫忙解決雜事，男人心裡也會有同樣窒息和被侵犯的感覺。

把妳的時間和精力花在幫助男人其實是減少了他的男子氣概，不需隻字片語，妳的行動就是在暗示他沒有能力照料自己的生活，至少也表示妳不認同他自己的處理方式，不管多麼微乎其微，在妳親切的提供協助的時候就包含了某些批評在裡面，「讓我去幫你買些新衣服吧！」說難聽一點其實就是「你實在不懂怎麼穿衣服搭配」，沒錯，妳做的事是出自於善意，但同時也批評到對方的缺點。

妳除了讓對方覺得沒面子，有時男人還會做出自衛的反應，當妳想幫他打掃家裡、裝滿他的冰箱或幫他跑郵局，他會覺得這些將來都是要償還的。舉例來說，維琪總是替菲爾設想周到，她會烤拿手點心給菲爾，替他買新浴巾、幫他把車子開去洗乾淨，維琪天生樂於助人，而且慷慨大方，但是菲爾竟然不太領情。維琪回憶：「過一陣子他竟然拜託我不要送東西了，害我覺得很受傷，因為我就是這樣的人，而朋友們也都喜歡我的熱心。」

維琪進一步檢討之後發現，除了她天生樂於助人，其實她不停的送禮物給菲爾還有一個不為人知的用意。維琪有點傷心的說：「如果我夠坦白，我必須承認給菲爾那麼多禮物是希望他不要停止喜歡我，我希望他欠我點什麼，所以要離開我就不會那麼容易。」

菲爾還是和維琪分手了，維琪雖然傷心震驚，卻也讓她學了一次教訓：「我不會再利用禮物收買別人喜歡我。」維琪已經平息內心的恐懼，不再擔心萬一不送禮物給男人或不幫助他們，男人就不會繼續喜歡自己。「那只是我想控制雙方感情的方法之一，我以為如果不替男人做點事或給他們一些東西，大概沒有人會喜歡我，現在想想很悲哀，不過當時的我可是深信不疑。」

雪柔剛開始也替男朋友比爾做了一大堆事，不過她的情況有點不同，雪柔一點也不樂在其中，而是比爾很高興有雪柔幫他。當雪柔決定停止照顧比爾，把精力花在對自己好一點，這段感情就快速的惡化了。雪柔表示：「我想他只是要找個像母親一樣的女人，但我並不是這種女人，當我把焦點放回自己身上，我們很明顯的無法快樂的相處下去，於是我們決定分手，我也鬆了好大一口氣。」

禮物偽裝的控制

要成長就必須暫時放棄安全的防護。

——蓋爾希伊（Gail Sheehy）

維琪之前所用的方法很普遍，我時常看到女性朋友過分熱中的幫男朋友辦生日派對，花大錢買她們負擔不起的耶誕禮物給男朋友，即使男朋友那個星期工作忙得亂糟糟，她們還是堅持幫忙把公寓徹底整理好。像這樣的女人很難去挑她的錯處，除非妳了解這其實是一種控制的心態，否則妳會很難相信她們的男朋友為何漸漸變得激動甚至疏遠這樣的女人，如果女人慷慨的動機是為了讓男人更喜歡她，或覺得虧欠她什麼，男人會感覺到這種壓力和控制的企圖，雙方的感情反而因此降溫。

與其犧牲自己的時間、金錢去成就男人，還不如好好培養兩人的情感，尊重對方的選擇，即使對方吃條巧克力棒當午餐，或者房間亂得像豬窩，或者藥瓶上明明寫一次兩顆，他卻要吞下三顆阿斯匹靈，妳都要尊重對方的做法。

當妳想買營養食品給男朋友，幫他整理房間，或是幫他注意鎮定劑的用量，妳要記得提醒自己對方是個有自主能力的成年人，這麼做不但沒有必要，也會減少妳的魅力。

只需舉手之勞

男人希望妳尊重他，而不是要妳去引導他或幫助他，相信妳心愛的男人可以自己解決問題，就是對他最好的尊敬。

當然不是說男人如果請妳幫忙，妳就置之不理，比如說他的汽車拋錨請妳去載他，而妳可以舉手之勞的幫個小忙且沒有任何壓力，那妳就應該幫助他。如果男朋友生病請妳帶些吃的過去，這正是妳展現溫柔感情的機會，何樂而不為？這兩者的不同在於：

◆他主動請妳幫忙，而不是妳自告奮勇去幫他。
◆是妳做得到，而且事後不會覺得生氣的事。
◆是單一事件，而不是不斷的工作交付，像每星期拜託妳幫他洗衣服，或是一路幫他上完醫學課程。

答應幫他做例行工作會出現一些問題，首先妳喪失機會評估自己儲存的精力夠不夠，是否每次幫他完成工作都會煩躁得發火？更糟的是妳心中會有不好的陰影，當妳想擺脫這些工作，唯一的辦法就是打破自己當初的承諾，結果妳不但沒有因為幫忙而提高自己在對方心目中的地位，反而還因為臨時縮手讓他覺得失望，妳甚至對自己突然撒手覺得有罪惡感，好像連一點小忙都不肯幫，這種感覺很不好。

但如果和妳約會的男人正在過渡時期，或是回學校唸書，甚至和生活苦苦奮鬥呢？妳也許想助他一臂之力，幫他渡過難關，可是如此一來妳已經跨出女朋友的領域，而成為救命的恩人了，這對原本浪漫的戀情反而有害。如果妳一肩挑起他的房租，或者努力工作幫他繳學費，妳會像個母親而不像情人，男人對於讓他想起母親的女人總是少了那麼點吸引力；再加上雙方只是在約會交往，沒有保證今天妳為他如此犧牲，以後就一定有回報，很多女性資助男朋友唸完醫學院以後兩人分手，這種例子很多，妳要引以為戒。

最後再提醒妳一次，男人不需要妳的幫助才完成他的人生目標，更何況早在認識妳以前他就已經朝著自己的目標在努力了。

尊重原來不認同的事

有時候男人引以為樂的趣事卻是女人揮之不去的夢魘。舉例來說，麥可迫不及待的要讓依蓮看他們家在國慶日拍的照片，依蓮感覺得到男朋友的興奮，他以和依蓮分享照片為榮，他還告訴依蓮他表哥買了些非法爆竹，麥可還在慶祝晚會把這些爆竹引燃，差一點就燒了鄰居的房子，這簡直嚇壞依蓮了；照片裡最精彩的一張是老奶奶的快照，她似乎有些虛弱的坐在椅子上，行動看起來不太方便，而爆竹的火球竟然把她兩邊的衣物都燒了個洞。

依蓮表示：「我沒辦法認可麥可的行為，所以我沒有附和晚會很棒，可是他拿照片給我看是那麼的興奮，我不想潑他冷水，於是我什麼話也沒說。」

麥可不是要尋求依蓮的認同，他只是要把自己差點釀成災害的事情拿出來和依蓮分享笑一笑，依蓮卻誤以為自己對麥可的行為必須有些影響力：「我心裡在想，我不准麥可以後再做出這麼危險的事，所以我不對他的行為作出反應，以免他以為我認同或鼓勵這樣的行為。」依蓮沉默的抗議其實是想控制對方的行為，結果她失去一次和麥可大笑的機會。

當妳和某人穩定交往，妳很容易陷入一種慾望的陷阱，妳會一直想把對方拉到比朋友更高的標準上，想想看如果同樣的情形發生在朋友身上，妳會用那麼嚴格的量尺對朋友的糗事作沉默的抗議嗎？

當依蓮以另外一個角度假設是一般朋友拿這樣的照片給自己看，她承認她大概會故意和朋友開玩笑：「原來這就是你的日常娛樂啊！」差別就在於依蓮覺得自己不需要控制朋友的行為。

保持彼此的吸引力

如果世界上有真正的幸福，那它一定發生在愛和自信會逐年增加的地方，那個地方我們稱之為「家」。

——牛頓（A. Edward Newton）

如果妳不再控制批評，也不再想著幫助解救男人，有些美妙的事很快就會發生：妳會一直保有初次覺得互相吸引的親密感，這是因為妳讓男人繼續努力的取悅妳，而不用忙著抵制妳的控制慾，因為妳不把焦點放在控制對方，妳就有足夠的精力照顧好自己；只要妳尊重男朋友，就算兩人還是有些小口角，要大吵大鬧的機會實在很低，男朋友會感激妳對他的信任，這種知心的感覺會讓他更想握著妳的手，帶妳吃頓浪漫的晚餐和妳一同開懷大笑。

第 23 課

單純地表達受傷的情緒

Express Your Hurt Without Making Demands

我們受驚比受傷還頻繁，
想像的世界總比現實更折磨人。

——席內卡（Lucius Annaeus Seneca）

當男朋友做了某些事傷害到妳，或是沒做某些事讓妳很受傷，在妳告訴男朋友之前先審視一下妳內心的期望，如果妳覺得受傷是因為他沒有載妳一程，或是星期五寧可在家看球賽也不出來看看妳，或是從星期二就一直沒打電話過來，那妳可能只是希望兩人的交往應該照著自己的時間表進行。

相反的，如果妳覺得受傷是因為對方直接或間接的批評，妳可以簡單的回答一聲：「噢！」

請克制自己不要用語言去威脅或傷害對方。

丟掉妳的時間表

我們心目中都會有一幅感情進展的影像，如果交往過程不符合原先的設想就會讓人焦慮不安，一旦覺得不安，想要控制感情發展的慾望就會跑出來。有時候我們會告訴男朋友他們的做法讓我們很受傷，其實只是因為他們沒照著我們想的方式去做，這也是不自覺的在控制對方。打痛苦牌來撥動情人的心弦是企圖改變對方的方法之一，不過這麼做會引起反效果。

要抱怨男朋友讓妳傷心之前請慎重考慮，有些妳認為他應該做但是沒有做到的事，其實只是妳想照著心中的交往時間表去實行罷了。

在妳想像的完美世界裡，男朋友會知道應該如何對待妳，他的言談舉止全部符合妳的理想，他該做什麼事的時間點都無懈可擊。然而在現實生活的情況卻不是這樣。對方的行為、調性、時間點可能和妳設想的完全不同，想要和對方成為親密伴侶，妳只有先丟掉心中的期望，接受他其實並沒有錯的事實，他根本無意傷害妳，妳沒有辦法把男朋友像個機器人般的設定公式，要他死板的照自己的計畫行進，妳的男朋友是個凡人，他有時會做一些讓妳失望的事，不過妳不會要機器人來當男朋友的。

妳的心痛也許很真實，但那是因為對方沒有照著妳心中的劇本情節走，如果妳心裡一直拋不開這些設定，妳的男朋友也就會一再讓妳失望，妳會讓男朋友愈來愈覺得沮喪，他會覺得永遠達不到妳心裡沒說出來的期望，覺得自己永遠不夠好。

寬恕他遺忘的「罪」

當妳愛上一個人，所有藏在心底的願望就要開始一一成真了。
——鮑恩（Elizabeth Bowen）

也許他下個週末沒約妳出去，讓妳覺得很難過，又或者他到現在都不肯帶妳去見他的父母親，或者他不像妳希望的那麼常打電話來噓寒問暖，妳也許忍不住想說：「我很難過你到現在都沒有介紹我給你爸媽認識。」更糟的是妳可能因此生悶氣，用沉默來表達失望的心情，讓男人完全摸不著頭緒。

在妳這麼做以前先好好想一想自己到底期望些什麼？

舉例來說，妳認為兩人交往六個星期了，他理當介紹女朋友給父母親認識，妳很想這樣問問他，但順服應該把這個時間表交給對方決定。

男朋友沒有穿正式一點和妳去見父母，也沒有把車子清理乾淨才接妳出去，妳覺得他沒有做的事傷害了妳，但其實這就是控制，妳也許覺得傷心，不過聽在對方耳裡，妳所表達的就是希望某些事可以用不同的方式進行，這樣兩人的關係才會進展到下一個階段，或者符合妳想像的模樣，如果妳真的這樣做，就沒辦法和對方享受美妙刺激的親密關係了。

茱蒂經過兩個月的約會，覺得和湯姆已經算是定下來了，所以她開始對湯姆打電話來的次數神經兮兮。茱蒂告訴我：「他現在一天只打來一次或兩次，不像以前一天打好幾次電話給我，是不是他對我沒有興趣了？我是不是要直接問他是否還想和我交往下去？」

當茱蒂在想著要「直接問他」的時候，實際上是想操控這段感情，同時也希望從湯姆那裡聽到：「是的，我還是想和妳交往，很抱歉我沒有常常打電話給妳，從現在起我一天至少打三次電話給妳」，另一方面萬一湯姆真的對自己沒興趣了，茱蒂也希望立刻知道，才不會愛得愈深傷得愈重，她希望逼湯姆對兩人未來的關係作個決定，緩和她一天到晚擔心被甩的恐懼。

問題是沒有人喜歡被這樣逼問，不管湯姆再怎麼想和茱蒂交往，他可能也因為茱蒂含蓄的控訴批評而講不出讓茱蒂放心的話。

和茱蒂聊過以後，她承認湯姆那一陣子工作很忙，打電話就沒有那麼勤，她也知道湯姆打電話過來還是很高興的和自己聊天，最後茱蒂了解自己太投注在湯姆身上，擔心他會不會打電話來分手，早上她把之前的電話錄音一放再放，想從中找到湯姆對自己的感覺究竟怎樣？中午她不敢和朋友出去，怕萬一湯姆臨時找她會錯失見面機會，茱蒂放棄一切讓自己容光煥發的活動，在家枯等讓她變得憔悴不快樂，她愈是覺得悲慘，愈是想知道湯姆什麼時候會打電話來讓她覺得好過些。

茱蒂開始學著把注意力放在自己身上，並且談了談她的感受：「一想到他不是那麼想和我說話，我就覺得很難過。但現在我知道自己只是想控制他而已。」

接著茱蒂發現一個比「你都沒有常常打電話來」還要能表達情緒的句子，一句聽起來很冒險，但是更誠實的真心表白，她告訴湯姆自己很想念他。

說出「我想你」能夠漂亮的表達茱蒂的情緒，但是又不帶任何指責批評，不是要特別逼湯姆改變行為模式。

女人有時很難對男人說出類似的字句，她們擔心男人會覺得自己太過認真，或是在利用表白對他們感情施壓，但是一句「我想你」並沒有其他附帶要求的意思，它是一種純粹的情緒表達，而不是期望對方做什麼事，每個人都希望被思念，如果妳平常為了保護自己故意表現得自制冷靜，妳當然很難把這些話說出口。

● **情境一：妳想多點時間和對方在一起。**

控制對方的回答：你從來不把我放在第一順位。

順服的回答：我想你。

●情境二：他嘲笑妳跳舞的樣子。

控制對方的回答：你真無禮。

順服的回答：噢！

●情境三：他沒有邀請妳去公司宴會。

控制對方的回答：你沒有邀我去，我覺得很難過。

順服的方式：審視自己的期望但不說什麼，練習好好照顧自己。

當妳感覺受傷，請說「噢！」

有時候男朋友難免做出一些讓妳覺得受傷的事情，言語上的刺傷、批評妳或是告訴妳應該怎麼做事，這種情況不是因為他不符合妳的設想因而覺得失望，而是真真實實的刺痛妳的靈魂。

在這種情況妳也許很想反擊回去，或是和他爭吵起來，但是我有另外一種提議，妳可以保持鎮定，但輕叫一聲「噢！」讓他知道妳覺得受傷，這是一個讓男方知道妳很介意，卻又不會反諷吵架的好方法。

在妳遭受攻擊的時候卻讓妳放下手臂，乍聽之下是有些瘋狂，然而說聲「噢！」會讓他知道刺傷了妳，因而停止繼續冒犯妳，這不失為一個好方法。一聲「噢！」聽起來好像太示弱了，妳會覺得敵人從此知道自己的痛處在哪裡，妳寧可自己是無懈可擊的人，不過對方並不是妳的敵人，示弱可以提醒雙方其實你們兩人是站在同一線上，承認自己受傷並不是過分敏感，卻能給對方修正的機會。

如果妳覺得對方侮辱了妳卻這樣就放過他未免太簡單，妳應該也要給他點顏色看看，如果妳想和男朋友培養親密的感情，那麼聰明機智的反諷回去並不是好方法，這只會弄得兩敗俱傷，兩個人都開始防衛對方，那就不能全然放鬆的享受彼此為伴的親密感，在兩人還沒有建立穩固的感情基礎就先吵起來，會讓愛情還來不及開始就已經結束了。當妳口出惡言，妳也會覺得自己有失高尚，反而讓妳回過頭來懷疑自己究竟值不值得人愛，打擊別人並不會讓妳更有吸引力或更有女人味。

如果妳覺得某男人常常刺傷妳，害妳每次都「噢！」個不停，這就是一項警訊，表示對方可能不適合妳。一個男人如果不能抑制自己不去侮辱女性，就算他常常只是無心之過，他都不是那個對的真命天子。

遺忘之罪與承諾之罪

固執任性必定輸給樂意順服，支配統治必定屈服於難以駕馭的謎。

——梅伊（Gerald G. May）

妳會以情緒受傷來操縱妳的慾望嗎？妳可以自己察覺究竟為何有痛心的感覺，是因為對方做了或說了什麼，還是因為對方沒做、沒說什麼？如果男朋友語出尖銳或口氣不善，回答「噢！」來表達受傷的情緒是很適當的反應，但是如果男朋友沒有送花，妳也「噢！」的表示受傷，這就是妳拿著交往時間表在逼對方了。

很多女性告訴我她們覺得講「噢！」很奇怪，她們寧願直接講自己很受傷，她們提出一些原因來解釋，以下是部分舉例：

「當你把我手中的抹刀搶過去，我很生氣，好像你比我會做煎餅似的。」

「你的話刺傷我了，我不喜歡你對我大吼大叫。」

「你說我不讓你做你想做的事？我覺得好痛心。」

妳當然有理由說出以上的情緒，但這些字句都隱藏著對男方的指控或批評，妳等於是含蓄的說出「你覺得自己比較行」、「你對我大吼」、「你的看法不對」。

相較之下「噢！」就直指自己受傷的情緒，不涉及人身攻擊，當妳攻擊一個人，對方做出防衛性的反擊是很自然的事，當妳覺得要自衛，武裝的妳就很難聽清楚內心的聲音，一旦男朋友覺得他也要保護自己，他會開始為自己的行為辯護，這已經不是對錯公平的問題，而是人性本來就是如此，你們會陷入爭吵，突然間妳受傷的情緒已經不是吵架的主題了，你們只是在爭論對方的行為對不對，最後鬧得雙方都不愉快，所以用一句小小的輕嘆「噢！」會使雙方談話保持在原來的軌道，而不會引燃一場口角爭戰。

妳會企圖去解釋受傷的感覺，但是其實沒有必要，因為那樣一聲輕叫已經把妳的刺痛表達得一清二楚了，只叫聲「噢！」也許有些膽怯不夠激烈，但是它具有強大的力量足以讓對方知道應該更溫柔的對待妳。

不要輕易說分手

我第一次知道非暴力的概念是來自我的婚姻。

——甘地（Mahatma Gandhi）

在男女交往的過程之中，有時妳難免有害怕或受傷的感覺，讓妳很想逃跑，妳會企圖分手，想要放棄這段感情走自己的路，不過妳應該和自己先達成一個協定，一旦有分手的念頭至少等整整一個星期看看，如果一個星期都沒有改變決定再去做。如果星期三妳想和男朋友分手，到了星期日妳發現自己還是愛他的，到了下星期三妳又覺得這個男人太可恨，這樣就不算整整一個星期，妳必須一整個星期都持續著分手的念頭再付諸實行，一個星期的觀察期對一段感情來說也許不算長，但是如果妳一整個星期都在害怕，都想逃開，表示這段感情真的讓人無法忍受。

我不是建議妳因此一個星期不要和男朋友見面，然後再決定怎麼做，繼續過你們的戀愛生活，利用這個機會來面對自己的恐懼，很多女性表面上威脅著要分手，但心裡並沒有分手的意思，卻不知道這已經是口頭上的侮辱，妳只有決定一去不回頭的時候才需要說出「我要離開你」。

繼續學習做位順服的單身女性，可以避免行為反反覆覆，表現出一心想控制對方的醜態。

第 24 課

保持原來的生活

Keep Your Life Even Though He's in It

愛情和友情有一個很大的不同，
前者以極端和對立為樂，
後者則要求一切平等。

——曼特農侯爵夫人（Françoise d'Aubigné marquise de Maintenon）

維持最佳狀態

當妳心中產生愛情這種特別的東西，感受到它的深刻、歡樂和狂喜，妳會發現全世界都為之改觀。

——克里希那穆提（J. Krishnamurti）

當妳認識一個新對象，妳也許想和朋友少聚一點，減少妳的日常活動，這樣就可以有多一點時間和對方相聚。請記住沒有任何一個男人可以完全符合妳的情感需求，這時候妳如果遠離朋友和平日嗜好，任自己沉浸在單一對象的交往世界，妳的生活會變得貧瘠悲慘，也讓妳不再迷人。

繼續保持妳還沒有男朋友以前的多樣生活，如此的人生才夠協調，妳也會比較快樂，生活愈是快樂協調，戀情愈是精彩健康。

在剛開始戀愛的時候，妳會減少原先的活動和朋友聚會是很自然的，因為妳希望醒來的每分每秒都能和對方在一起，也就是說妳最好的朋友、姐妹、妳的瑜伽課都被排到次要順位，當戀情剛萌芽的時候，再也沒有任何東西比得上和對方在一起的觸電感受了。

於是妳打算取消行程表上的一切活動，熬夜也要和對方談心，把「妳需要的就是愛」當成妳的聖歌，不過在這之前請妳記得讓自己的生活保持平衡快樂，這是擁有一段親密成功的戀情所不可或缺的要素，如果妳想取消的活動是戀愛前會讓妳身心均衡的活動，那麼請考慮留下它，偉大的愛情不會要求愛人必須放棄她原先喜愛的一切。

如果瑜伽課幫助妳從繁忙的工作沉靜下來，那麼取消瑜伽等於是讓工作一落千丈，如果妳因為熬夜聊天而睡眠不足，妳會發現自己變得筋疲力盡而且容易發脾氣，如果妳以前喜歡獨處思考來保持頭腦清醒，妳現在時刻陪著男友就沒辦法讓自己保持在最佳狀態。

妳應該是把最好的自己放入新展開的戀情，每天生活所需都應該得到滿足，不要虧待自己。

好男人支持妳善待自己

妳和女性友人聊天當然沒有和情人聊得多，但是不要把這些朋友全然忘掉，繼續上妳的空手道課程，原先獨自安排的休假計畫也可以照樣進行，讓自己充分休息，即使妳因為這樣有一個晚上不能和情人見面，好的男人會支持妳去做快樂的事情，即使他必須多等一下才能和妳在一起，他也會欣然同意。

茱莉安就為了這個原因掙扎不已，她和阿倫才約會兩個月，星期五和兩個女性友人早已有約，可是阿倫在最後一分鐘打電話約她去聽音樂會，茱莉安很自然的想取消姐妹淘的聚餐，藉這個機會和新情人多相處，尤其她很怕拒絕了阿倫的邀約，阿倫就會一去不回，不過到最後她還是做了最困難的決定，茱莉安照原計畫和朋友們聚餐，一方面是臨時取消約好的聚會讓她有罪惡感，另一方面茱莉安知道當時自己更需要和姐妹淘們一起閒聊，一起開懷大笑。

茱莉安一直沉浸在和阿倫的新戀情之中，她有好一陣子沒有和同性的朋友聚聚了，她不希望錯過這次姐妹談心的機會，她希望針對新戀情和朋友交換意見，她也需要朋友給予意見，估算一下自己應該花多少錢打扮好去參加公司派對，就算茱莉安可以和阿倫聊這些事，但是和其他女性的交流互動會讓我們的生活更深刻豐富，這和練瑜伽可以放鬆、鎮定心神是一樣的道理。和女人在一起提醒我們自己也是女人，這對一段健康發展的感情來說是相當重要的一環。

捨棄阿倫，選擇和女性友人聚會並不會讓阿倫覺得自己很不重要，也不會打消他對茱莉安的興趣，當阿倫溫柔的回答茱莉安，支持她不要讓朋友失望，茱莉安真是鬆了一大口氣，阿倫還說：「我猜這表示妳也不會在最後一分鐘否決我，我很高興知道這一點。」

因為那晚錯失和茱莉安相聚的機會，阿倫也許更想在下次趕快見到她。

如果男朋友知道妳喜歡和朋友在一起，需要花時間做自己的事，偶爾想好好的睡個午覺，或做其他讓自己開心的事，即使他因此被迫要暫時與妳分離，他也會支持妳善待自己的決定。

第 25 課

帶出情人最好的一面

Becoming Your Best Self Will Bring Out the Best in Him

好模範最讓人討厭，
再也沒有什麼事比這更讓人難以忍受了。

——馬克吐溫（Mark Twain）

學習感激

感恩使生活圓滿了，它把我們擁有的轉變成富足滿溢，它把否定變成欣然接受，混亂變得井然有序，困惑變得豁然開朗，它把簡單的一餐變成豐富的盛宴，把一棟房子變成甜美的家，把陌生人變成我們的朋友。

——梅樂蒂比提（Melody Beattie）

既然妳只能改變自己，不能改變他人，妳可以自己替感情設定一個正面的調性，不去指正對方的缺失，而是拿一面鏡子照見他的能力。

妳先帶頭表現對他的讚賞和自己的弱點，對方就會給妳同樣友善的回應，就像我們如果和一個精力充沛的朋友在一起，我們就會多多運動；如果和一個喜歡宴會的朋友相處，我們就會陪著多喝幾杯；如果是和一個慷慨、樂於接受、惜福感恩的人在一塊，對方一定能引出我們身上相同的特質。

蜜雪兒對同居男友柴克很生氣，因為柴克一點也不感激蜜雪兒把家裡收拾得井然有序，確保冰箱充滿食物。會聊到這個主題是因為我給學員出家庭作業，要求每一個學員每天要對所愛的人表達三次感激的心意，連續做一個星期再回來討論，結果蜜雪兒憤憤不平的說：「為什麼我要對他所做的事表達感激，但是他卻不感激我做的努力？反正我做得比他多很多就對了。」

不過在這之前蜜雪兒告訴過我們柴克會自動幫她按按脖子，也常常帶她出去吃飯，蜜雪兒的車子需要換油也是柴克一手包辦，看起來柴克是慷慨付出的男人；但是蜜雪兒並沒有看到這些，她已經被整理房子和柴米油鹽弄得喘不過氣來，在蜜雪兒心裡，柴克沒有幫忙這些她希望有幫手的事情，所以她現在也吝於對柴克表達感激之情。

柴克看起來內向怕羞，這點並不讓人訝異，因為他的善良似乎一直沒得到蜜雪兒的認可，或許就是因為這樣柴克才不敢對蜜雪兒表達感謝，因為他怕話一出口，蜜雪兒會語帶批評的回答：「至少你還知道要感謝我在家裡忙進忙出！」

當妳自己一個人面對沉重的責任，所以很難對別人再報以感激之情，但是蜜雪兒一直在意自己所缺少的，卻忽略了柴克所給予的，導致蜜雪兒對柴克的觀感整個扭曲，蜜雪兒沒有了解柴克的貢獻和才能，她眼裡只有柴克的缺點。

練習表達感恩就是要證明我們雖然不能改變大環境，卻可以改變自己的態度，我要蜜雪兒看看她能做哪些改變，我請她把生活當成半杯水，她應該去看裝滿的半杯，而不要去看還空著的半杯，對我們所擁有的事物表達感恩，會讓我們的環境也有神奇的轉變。

雖然一開始蜜雪兒很排斥這個作業，但最後她答應去試一個星期看看，她每天找三件事謝謝柴克，還不到一星期蜜雪兒已經發現這麼做還有其他好處，柴克很驚喜的對她說：「妳讓我知道其實我們都應該感激對方，所以我要謝謝妳今晚做的可口晚餐。」

蜜雪兒後來告訴我：「那就是我一直希望他能對我說的話，感謝我所做的一切，我就是愛聽他說出來，不過也許更重要的是當我每天表達感激之情，我真的比以前更感激柴克了，他的確幫了我很多原先我認為理所當然的事。」

蜜雪兒的練習改進了她自己的態度，而不是硬逼男朋友感謝她，當她顯現出自己最美善的一面時，她的戀情也會受到影響，雖然她沒有命令男朋友必須感謝自己做晚餐，但是她樹立了一個榜樣，讓柴克很快的受到感染，她已經不把焦點擺在柴克不懂感激的冷漠上（事實上她對此原本也無計可施）。蜜雪兒審視自己的行為，願意做出改變，結果她不但成就了更好的自己，也帶領兩人的關係朝向更好的境地。

順服的真諦就在這裡。

生活就像面明鏡

旁人一些惹惱我們的事情，反而讓我們更了解自己。

——榮格（Carl Jung）

當妳發揮自己最美善的一面，會帶給男朋友正面的影響。

這就像小孩子有同伴拿起玩具的時候，他會更想把對方手上的玩具拿過來把玩，成人也會被其他人的行為感染。當我們和喜歡八卦的朋友在一起，我們也會聊一些小道消息；如果朋友愛吃冰淇淋，我們會陪著一起大啖垃圾食品；如果和購物狂的朋友一起逛街，我們不知不覺也會多買一些東西。彼此相互影響是人類的天性之一，妳如果不是近朱者赤，就是近墨者黑。

這不是說妳只要自己改變行為，就可以讓男朋友的所有行為也跟著改進。舉例來說，如果妳覺得男朋友該減肥了，妳不需要因為自己開始上健身房，就希望男朋友也跟著多多運動；如果男朋友的餐桌禮儀讓妳很頭疼，就算妳抿著嘴巴，優雅的咀嚼食物，也不一定能改變男朋友狼吞虎嚥的習慣，不過如果妳決定讓自己更樂於接受順服，對方就會給予正面的回應。

首先，把注意力集中在保持妳家這邊街道的乾淨，妳就不會把精力花在批評對面街道而引起的爭吵和疏離。我的意思是說如果妳發現男朋友的吃相很可怕，妳可以批評他的餐桌禮儀（要指正他似乎就免不了人身的批評），或者妳也可以了解每個人都有不完美的一面，自然的接受他的怪癖。

如果妳選擇批評，我不保證他能因此改變行為，但是妳一定會失去雙方和諧親密的感情分享，他會覺得被冒犯了，說不定開始不自覺的反擊，也批評起妳的開車技術很爛，這當然不對也不公平，不過這就是人性。

或許他的反應收斂了些，然後妳會覺得他今天特別安靜，也不想和妳講話，妳當然無法替他的行為負責，但是妳卻創造兩人之間不好的氛圍，如果不是互相貶低對方，至少也是彼此冷淡疏離了些。

妳沒有辦法改變別人的行為，但是妳可以讓自己改以支持的立場去善待他人。

最不可愛的人最需要愛

我二十幾歲的時候在搖滾樂團擔任歌手，我們第一次嶄露頭角的機會是幫殖民地合唱團開場，那時他們有一首很紅的歌，我當時非常興奮，可是當我打電話到俱樂部想和舞台工作人員安排我們的演出時，我完全沒料到舞台經理山姆對我一點耐心也沒有；在我掛掉電話以後，他那些批評我們不專業、我們不可能會紅的粗話讓我流下眼淚，於是下一次樂團彩排的時候，我警告團員要注意山姆，和這個人工作會很辛苦，不過我們的貝斯手卻建議我們改用「溫柔」殺死他。

「什麼？在他對我說了那些話以後，我不可能對那種人親切的。」我不敢相信的抗議。

不過我們的貝斯手很堅持以和為貴，他說也許從來沒有人對山姆釋出好意，他只是需要一些認同和感激。我因為也很擔心把首演搞砸，就同意努力看看，試著把山姆當朋友對待，我想有一件事是我確實可以謝謝他的：他推薦了一個很好的攝影師幫我們拍音樂錄影帶，同時我還做了布朗尼蛋糕送給他，當我把烤好的點心和感激的謝意同時帶給山姆，這位小氣的舞台經理震驚得好像要哭出來一樣。

送禮之後山姆就趕著去替我們的演出安排燈光，他還告訴我成功演出的小技巧，到了真正演出的時候，我可以從他壞脾氣的外表之下，看到一顆溫暖高貴的心。

妳的男朋友也許沒有山姆那麼不友善，但他一定偶爾有暴躁不耐的時候，妳可以換一種無傷大雅的方式去想：此刻他比心情好的時候還需要妳的關愛和接納。妳也許和當時的我一樣擔心，在男人暴跳如雷的時候卻要對他和氣順服，這會不會讓他變本加厲？

事實正好相反。

當妳表現得愈成熟，對方會對自己的幼稚愈不好意思，原因之一是妳沒有火上加油，之二是妳和他的行為對比會讓他覺得不自在。

每個人遇上另一半鬧情緒都會抱怨或是立刻還擊，不過我決定做個成熟的大人，即使我的先生還在耍脾氣，我還是可以率先展現良善的自己，結果他很快就恢復心情向我看齊了。

最好的自我讓感情更正面

沒有什麼東西比平靜更劇烈有力了。

——王爾德（Oscar Wilde）

如果妳一直給男朋友負面的反應，像是「你最不負責任」、「你老是把事情弄得一團亂」，妳並不會因為批評別人而覺得自己更好，反而感覺自己很糟糕。當我對先生說「你吃東西嘴巴又開開的了」或是「你總是弄丟鑰匙」的時候，我覺得自己完全像個潑婦，根本不像一個支持體貼的好女人，那才是我想要的樣子。

沉迷於負面的批評會削弱對方的男子氣概，既然妳比任何人都了解他，他可能把妳的批評看得很重，假以時日妳持續的批評會滲入他的思想，成為他的信仰，會影響他的行為舉止，而且是壞的影響。

女人通常會和姐妹淘們聊聊心事，但男人通常只和生活中的女人談他最私密的情緒，妳會從幾位朋友得到不同的反應和意見做為參考，但妳的男朋友對於自身的私事可能唯獨想聽妳的看法，男人會諮詢最了解自己的女人，自己的看法也會受到她的影響。

如果妳能夠用正面的態度說話，例如「你的電腦真行！」、「你真是慷慨大方」，男人的信心會被肯定，很快的，他的舉止外觀也會煥然一新，這樣才是在表現妳良善的一面，妳會有很棒的感覺。我就是因為鼓勵約翰讓他開心，自己也覺得心情愉快，這比命令和批評好太多了，強調對方的天賦比強調他的錯處更能讓妳展現最好的自己。

這麼做還有另一個好處，就是我的讚美也會影響他的想法和行為，讓他覺得自己更強大。

有時候女人覺得太過誇獎男人的優點有危險，有時他會變得更自私，更容不下別人意見。不過人性是脆弱的，每個人都需要正面的肯定，特別是來自愛人的肯定，感激一個男人並不會加強他的優越感，也不會讓他成為極端自我的人，妳會讓他對這段感情，甚至對全世界都充滿信心，這是妳能給情人最美妙的禮物。妳也許覺得這樣做有些示弱，但只要妳稱讚對方的內容是真實誠懇的，就沒有什麼不好意思或害怕的必要，不用去擔心他會怎麼反應，就算他聽了讚美很不自在，妳還是可以很有自信的說出來，這是成就一個更美善的自我所必備的條件之一。

妳覺得這樣也很像在操控別人？要記住這當中有很大的不同，妳只是純粹表達對某人的讚美，這和試著要對方改變吃相或是穿著打扮當然不一樣，自在的表達讚賞和感激是給自己一個樂觀的態度和溫暖的情感，這才是值得我們去做的主因，如果這個行為剛好會對周遭的人有正面的影響，我們當然也樂觀其成。

比起之前試著去改變我先生卻一再失敗，這個方法的成效讓人滿意多了，我們彼此支持，相互引出對方最美好的一面，它讓我們的感情變得更好了。

當男人心情不好的時候怎麼辦？

假設妳的男朋友面無表情或大聲咆哮，或者只是簡短的回答妳，妳怎麼幫他走出情緒的低潮？其實妳什麼事也不能做。《男人來自火星，女人來自金星》的作者約翰葛瑞就提到男人有時會陷入自己挖的洞穴出不來，女人最好的辦法就是讓男人自己待在那邊想清楚，等他把事情釐清，自然就會破穴而出，就算男人在妳身邊，妳還是可以假裝他因為情緒不佳，所以跑到某個洞穴躲了起來。妳當然會忍不住問他：「怎麼了？」或是點出對方心情不好，不過這樣開始的談話是往災難裡跳，他不會因此覺得更好，男人此刻需要的是接受，而妳能做的就是盡量保持忙碌，找些讓自己分心或愉快的事，這是自己愛自己的方法之一，同時也證明妳相信男朋友，哪怕過程再糟，妳都堅信他有解決問題的能力。

對妳而言他的行為就好像無言的哭訴，彷彿祈求著妳的幫助，不過妳既不是南丁格爾也不是紅十字會，更不是他的心理治療師，讓他覺得心裡好受些，或是幫他解決問題並不是妳的工作。妳要相信男朋友若真的需要幫助一定會主動開口請妳幫忙，如果他沒有這樣做，那妳執意插手其實也是一種控制的方式，所以妳不用為了過意不去就想要替他減輕心頭重擔。他的惡劣情緒會慢慢過去，妳愈是放手讓他自行處理，他愈是可以快速恢復。

第 26 課

同居前應慎思

Make a Commitment Before You Move In

鐵鍊不能鎖住婚姻，
針線卻可以，
數以百計的綿密針腳年復一年的把兩人縫在一起，
這就是讓婚姻持續下來的原因，
它比激情或性愛更能讓婚姻穩固。

——西尼奧雷（Simone Signoret）

除非妳已經和對方許下正式的承諾，妳確信這就是即將和妳共築一生的男人，否則妳都應該保留自己的住處。

承諾是讓愛情得以繼續的原因之一，所以妳如果想讓戀情持續一生，妳就應該自己獨立居住，一直到妳可以許下「至死不分」的承諾，才考慮和對方共同生活。

當男女雙方同居的時候，彼此的關係隨時需要調整溝通，變數可能比結婚還要多。當妳要搬入對方家裡，不能抱著「先試試看再說」的心情，而是應該抱持著滿滿的信心，相信兩人一定會攜手步上紅毯，妳應該給這段感情更好的機會去發展成一生的良緣。

兩人之間的相容性不是看個性合不合、住在一起會不會偶爾激怒對方，而是要觀察雙方遇到問題時如何面對和解決。

別問「我們合得來嗎？」

我和約翰同居是因為我堅持兩個人分攤一個公寓比較方便，家事有人分攤一半，有愛人同住也不用再找分租室友，我的堅持乍聽之下很合邏輯，但事實上我有點逼約翰討論這個議題，因為我實在太想知道約翰是不是愛我很深，願不願意搬進來和我同住，我其實是在測試他。

雖然我如願以償，兩個人搬進一間小屋共同生活，我心裡卻知道是自己逼對方這麼做的，我騙自己他真的想要搬進來和我分享一個家，我自欺欺人的假裝快樂滿足，但是現在回頭看看過去，我那時還不確定約翰是否真心喜歡我就要他搬來一起住，這簡直就像用OK繃把自己的不安貼起來，它幫助我不用一下子面對婚姻的恐懼，因為害怕，我一直在嘗試控制兩人感情的發展。

也許妳覺得同居是觀察對方和自己是否合得來的最好方法，看看兩人能否一起面對日常生活的挑戰。

很多問題都是在同居以後才慢慢發現的，例如對方跟前妻生的兒女的教養問題，如果其中一個人必須更換地點，誰的工作優先保留不變？收支的問題如何平衡？妳因為不確定能否解決這些問題，所以不敢許下相守一生的承諾，又或許妳覺得同居讓妳有更多時間確定這段感情值不值得走入婚姻，也或許妳在答應結婚之前，想確定對方是否只愛妳一人。

只約會不同居才有更多的機會練習解決衝突和分歧的意見，確定對方是不是那個對的人，如果妳和對方在交往期間就可以解決雙方的歧見，那證明了你們結婚以後也可以成功的化解類似的問題。

同居的基本理由就是想在結婚前先試婚看看彼此合不合，不過每對夫妻都會有衝突的時候，著眼在我們合不合的問題根本就是不正確的，妳和對方一定會有不合的時候，這並不表示妳就不能和對方擁有親密和諧、忠誠長遠的關係。

要發現彼此合適與否並不是看對方襪子會不會亂丟在地板上，或因為髒碗盤還堆在洗碗槽就大發雷霆，畢竟妳愛的男人還是有可能偶爾讓妳抓狂生氣，每對夫妻都必須克服這類的小問題，所以這不是同居前應該問的問題，該問的反而是我們是否決心站在同一陣線，共同解決彼此的差異，讓兩人繼續享受溫柔、安心又熱烈的感情。

說出「我願意」，拿一張合法的結婚證書可以增加這個可能性。

認清事實再做決定

當妳的信心增加，妳會發現自己不再需要控制慾，事情會順其自然的發展，而妳只要順著情勢就可以找到好處和喜悅。

——艾瑪諾（Emmanuel）

梅根等到和湯尼的戀情告吹才了解自己也曾經逼過湯尼同居，但她真正的動機是想幫湯尼貼上一個名草有主的標籤，她承認：「我討厭無法掌握他的行蹤，我也不希望他再和其他女人約會。」梅根不相信他是真心想和自己一起的，所以她藉由邀湯尼同居來控制兩人交往，她認為這樣湯尼就只能和自己在一起了。

梅根無法相信湯尼的感情，除非兩個人住在一起她才覺得比較放心，她把注意力一直放在這上面，試著讓兩人的關係更親密來減少自己的恐懼；但是湯尼慢慢看穿了梅根控制的企圖，因為梅根老是問他要去哪裡，每次回來也要問他剛剛出去是和誰見面，湯尼覺得自己像個小男孩，到哪裡去都要被媽媽管。他常常對梅根說：「妳相信我就對了。」他覺得好累，梅根想控制他的每個行動已經漸漸的讓他心灰意冷，逼得他反而越走越遠。

肯尼遇到珍奈沒多久就退掉自己的公寓，珍奈讓他搬進自己的大屋，珍奈覺得讓肯尼住在舒服一點的環境，他的經濟情況會寬裕一點，生活也會過得舒適些。肯尼曾經提到他正在找好一點的工作來還清負債，所以珍奈覺得這樣可以幫他省點錢，她私心希望肯尼早日解決財務問題，將來兩人結婚珍奈才不用幫他分擔，婚後的生活才會更有保障。不過肯尼卻沒有認真找新工作，珍奈漸漸覺得生氣，肯尼根本不肯努力成為她想要的男人，幾個月過去了，肯尼的經濟狀況一點也沒有改變。

「我以為兩個人住在一起，他可以學到一些好習慣。」珍奈的意思其實是她希望可以改變肯尼，讓他賺更多錢還款，到最後珍奈終於擺脫肯尼，她覺得自己被肯尼利用了。

當我和約翰同居的時候，我提到如果兩人結婚的話，我們的健保就可以填入配偶享受雙重保障，約翰同意比照辦理，所以我們算是用這種完全不浪漫的方式訂下終身，我是一直到約翰的姐姐問我她弟弟是如何向我求婚的？我才了解自己的控制又一次讓我錯失甜蜜感動的求婚場面。

最後約翰還是照著儀式單膝下跪，告訴我他很愛我，希望我成為他的妻子，那感覺真的很好，但如果我一開始不要插手，完全讓約翰自行主導求婚，那感覺一定會更美妙。更糟的是我因為對約翰缺乏信任，一直到結了婚都還想控制他，差一點連我們的婚姻都被我毀了。

如果我和約翰沒有同居，兩人繼續保持約會，我應該會得到更讓人滿意的求愛演出，我們的感情調性也會完全不同。結婚多年以後我才了解自己的控制慾讓兩人的關係變得多麼緊繃，當我學會順服來挽救婚姻，我發現順服的好處實在太多了，沒想到順其自然所得到的親密、信任感，竟然比我努力控制半天的還要多。

我和梅根、珍奈都因為愛上男朋友，主動說要一起住，但事實上我們只是因為害怕，我怕約翰不會自己主動求婚，梅根怕男朋友跑出去和別人約會，珍奈怕男朋友沒人幫他會一事無成，我們都在欺騙自己是因為甜蜜相愛、深思熟慮才和男朋友同居，我們都不肯承認自己有控制對方的企圖。

如果妳打算搬去和男朋友一起住，請檢視自己的感覺究竟是渴望或是害怕，有一個認清事實的方法是問自己是否可以立刻嫁給他，妳的答案有三種：「好」、「不好」、「再看看」。如果妳的答案是肯定的，那妳是真心渴望和他一起生活，如果答案是否定的，那妳根本就不該和他繼續約會，何況還要住在一起？

妳的答案如果是「再看看」，這表示妳決定下得太快，現在搬去和一個不確定要嫁的男人同居是很危險的，當妳和對方共用一個衣櫥，一起養了兩隻貓，或是妳三歲的小女兒開始喊他爸爸，妳發現情況不對想抽身就很困難了。

同居風險比結婚更大

對我而言婚姻的好處是當兩個人不再相愛的時候，婚姻還可以把彼此繫在一起，直到兩人再次墜入情網。

——維奧斯特（Judith Viorst）

結婚典禮就算再小再簡單，它都是在眾人和上帝之前的神聖儀式，同居卻是避過雷達偷偷的住在一起，雙方對同居的情況隨時都可以協商改變。

兩種方式都可能帶來幸福或心碎，妳可能和我之前想的一樣，以為同居應該比較沒有風險。如果只是搬進去同居，可以減少很多婆媳妯娌的社交壓力，兩人共同生活會比較簡單，妳不用擔心有一天搬出來會讓自己和家人覺得尷尬丟臉，妳不用把兩人的分手用那個聽起來很失敗的名詞「離婚」去昭告天下，同居再分手，頂多告訴朋友我現在換住址就好了，這似乎比結婚簡單多了。

沒錯，妳是不需要律師來幫妳和對方分手，但是失去兩人的情感和一起成長的家，才是最具毀滅性的感情創痛。

義無反顧的旅程

在電影「千鈞一髮」裡面，兩個兄弟常常比賽誰可以游得最遠再折回岸邊，最後一次較強壯的弟弟竟然輸給事事不如己的哥哥，他吃驚之餘要哥哥告訴自己贏的原因，哥哥告訴他：「我義無反顧的游出去，沒有想過要替回程留體力。」

愛情也需要相同的勇氣和承諾，如果妳打心底知道自己是和一個很好的男人在一起，那妳就應該拆除心中的藩籬和對方結婚。不立下神聖誓言就住在一起有點像是事先留餘地，這對兩人結合的成功與否有關鍵性影響，結婚所散發出來的訊息是「接受全部的我吧！」但同居的意思卻是「我們先試試看再說」，妳保留了信任感、自信心和彼此認定，缺少這些要素雙方關係是不可能持久的。

有時候提議一起住的是男朋友，這種情況妳只需告訴對方，妳覺得這樣的安排不妥，妳不想和自己深愛的男人陷入這種高度風險，他值得更好的對待和更真切的承諾。

既然婚姻比同居更像個長遠計畫，妳和男朋友可能會花多一點時間考慮才會決定結婚，等待一個更好的承諾本來就需要更久的耐心，但結果會更讓人滿意，妳會成功的擁有一輩子的戀情。

結婚還有另外一個同居沒有的好處，就是當有危機發生時，夫妻雙方會覺得要一起克服，而不是知道兩人隨時有退路，這個共識會讓危機處理的結果大不相同。就算在一個離婚率高達五成的國家，下定決心和對方廝守一生會比抱著「先試試看再說」的心態，更能成功維繫長久的感情，這尤其對曾經離過婚的女人更是這樣，妳可能不再看重婚姻，甚至在法律上還沒有辦妥離婚之前就很想和男朋友一起生活，但是他如果認真看待婚姻，在妳還沒有正式離婚之前是不會對妳認真的。

我和約翰在婚後第四年關係開始變得很緊張，我很想一走了之，但是婚姻的連結力和基礎穩固的信任感讓我留了下來，我開始思考自己可以做些什麼來挽救婚姻。我想找回希望，恢復初識時的歡樂，結婚照片讓我想起當年立下的誓言，也提醒我萬一婚姻失敗還要面對照片中那些朋友、親戚，結果當年神聖的誓言果真給了我力量繼續把婚姻維持下去。

謝天謝地，我找到當時許下承諾的勇氣，否則我現在大概已經離開這個很棒的男人了。

不管妳之前約會交往多久，或是同居了多久，結婚是完全不一樣的事，而且是感覺更好的事。

不要用扮家家酒的心態和對方同居試試看，妳應該把和對方一起生活的念頭轉變成結婚的動力。我和先生結婚前也曾經同居，我可以告訴妳結婚比同居更刺激有趣，我還記得讓我目眩神迷又興致高昂的蜜月旅行，我們沉浸在一種永遠相屬的深刻承諾之中，那種感覺是之前我們一起去夏威夷旅行也經歷不到的，我們一直不停的看著自己的結婚戒指，拚命稱呼對方老公、老婆，這種感覺我們在每年的結婚週年還會重溫一遍，其他一些特殊日子，或小別重逢的時候都會有相同的感受。

隨著蜜月期的消退，平靜滿足的感覺隨之而生，我知道有人愛著我並且要和我過一輩子，這讓我信心大增，這種感覺是同居的時候所沒有的。

我們選擇對方做為此生獨一無二的伴侶，這讓我們的性愛也變得更親密，我們有一輩子的時間探索對方的身體，和對方做愛的感覺特別舒適，我一直到結婚以後才體會到唯有彼此完全信任、熟悉，才會產生最美好的性愛。

若想要維持終生不變的愛情，出發的時候也請義無反顧，不要想著什麼時候該折回來。

第 27 課

該是結婚的時候了

Honor Your Desire to Be Married, but Never Make Ultimatums

結婚不是一個儀式或一個終點，
它是兩個人跳著複雜漫長卻又極端親密的舞步，
最重要的是選擇一個好舞伴，
並且找到自己的平衡感。

——艾美卜倫（Amy Bloom）

傳達確定的訊息

如果妳希望男朋友向妳求婚，可是他雖然和妳交往很久了，卻始終沒有開口要妳嫁給他，這也許是因為「妳」散發出不確定的訊息，妳不知道對方是不是讓妳愛到「至死方休」的對象，其實如果妳已經和對方約會半年了，妳應該有足夠的資訊

妳也許散發模稜兩可的訊息，讓男朋友遲遲不敢求婚，因為他不清楚到時候妳會不會答應。審視一下自己潛意識的恐懼，看看妳是否陷在裡面動彈不得？

如果妳確定已經把想法清楚的讓對方知道了，但是經過半年約會他都沒有求婚，妳可以告訴他妳愛他，也喜歡和他在一起，但是妳不想再繼續一段走不進結婚禮堂的交往關係。

說明立場和最後通牒並不一樣，最後通牒是說：「現在就娶我，否則我馬上離開你！」最後通牒是要對方必須怎麼做，但渴望結婚是妳必須要怎麼做。這兩者的主從關係是不一樣的。

順服的單身女性不能控制交往關係，所以她不會去下最後通牒，她希望感情順利圓滿，但她也能接受感情可能充滿不確定性。

判斷對方是怎樣的一個人，所以幾個月後妳應該已經知道對方大大小小的事，了解他是不是適合和妳共度一生的人。

當妳不確定這是不是妳要的男人，或者覺得自己還能找到更好的，妳會不知不覺給他模稜兩可的訊息，男朋友收到如此曖昧不明的信號，他會擔心貿然求婚妳不一定會答應，所以就遲遲不敢開口，於是你們兩人的關係就處在痛苦的地獄邊緣，兩人都沒有真心承諾，也不知道這段感情會持續多久，要想擺脫這種進退兩難的處境，首先妳要找出自己究竟想要什麼，然後持續散發意思清楚的訊息。

諷刺的是女人通常握有推動感情發展的鑰匙，如果她想結婚並清楚的讓男朋友知道自己的意願，她等於幫男方打開了大門，讓男朋友可以單膝下跪，執起愛人的手正式求婚。

感情發展的關鍵由妳掌握

瑪麗珍的例子就是因為過度擔心才妨礙感情交往，她之前離婚有個小孩，帶著孩子和男朋友理查一起生活了好幾年，在上課的時候她和全體學員分享心情。雖然理查很久以前求過婚，但兩人卻遲遲沒有結成，這讓她覺得很沮喪，婚禮一再延期是因為他們沒有足夠的錢辦一場心目中的婚禮。

當我建議他們兩個可以立刻私奔去結婚，等他們經濟能力好轉再補辦一場盛大的婚宴，瑪麗珍又提出一個全新的說法來反對我的提議：「可是我真的不太確定要不要嫁給他，我承認這樣說很不可思議，畢竟我剛剛才說自己多麼想和他結婚，我想真正猶豫的人是理查吧！」

不過理查對結婚並不覺得勉強，瑪麗珍進一步的反應表示她真的愛理查也真的想嫁給他，但是她怕萬一又離婚了會帶給自己還有女兒再一次創傷。她愈是聊到內心的恐懼，她愈了解自己對過往陰影太擔心，反而對眼前愛她並想娶她的男人沒有那麼在意，她又說理查是個好男人，兩人如果結婚應該會有很好的未來。

其他的學員紛紛鼓勵瑪麗珍，加強她相信理查就是那個對的人，要瑪麗珍趕快鼓起勇氣，有了同學的支持，瑪麗珍下定決心克服自己的恐懼，告訴理查她決定結婚了，瑪麗珍先不去擔心最糟的情況，她把眼神篤定的放在眼前愛慕自己的好男人身上，告訴自己要保持信心。

因為在課堂上講出自己的恐懼，瑪麗珍有機會聽到其他人的看法，知道我們都認為她應該嫁給理查，這些支持鼓勵的確幫助瑪麗珍勇敢跨出去追求她一直想要的婚姻關係。

有趣的是當他們結婚幾個月後，他們就補辦一場正式婚禮，邀請親朋好友來參加，隨後還有優雅的晚宴活動，完全就是她想要的結婚方式。她的一個朋友出借美麗的房屋當婚宴地點，另一個朋友包辦宴席當作送給她的結婚禮物，一旦清楚自己要的是什麼，她發現之前種種延誤婚姻的障礙其實不難克服。

不要主導或命令

妳不能命令男人娶妳，這麼做就沒辦法知道當他主動求婚妳會有多麼欣喜，妳值得擁有一個有主見有作為的好男人，他決定娶妳是因為生活不能沒有妳，而不是因為妳的苦苦懇求、主導或命令。

順服的單身女性不會犧牲自己的尊嚴，對男朋友作這樣的要求。不過從另一方面來看，妳還是要讓男朋友知道如果他開口求婚妳會很樂意嫁給他，男人畢竟不喜歡冒著被拒絕的風險開口求婚，我當然不是要妳拉著男朋友的手鄭重其事的說：「如果你向我求婚我就嫁給你」，妳可以把結婚的意願在日常活動或談話之中很自然的表現出來，如果他知道妳看到他很快樂，覺得他很聰明，很有吸引力，喜歡他的碰觸親吻，那他不難想像如果拿出戒指妳會有什麼反應。

與其纏著男朋友問他到底娶不娶妳，還不如順服的接受，把注意力集中在自己身上，找出自己真正想要的是什麼，感覺又如何。如果妳已經約會三個月進展順利，那妳可以讓對方知道妳有一天會想找個丈夫結婚定下來，讓對方知道妳很重視婚姻就夠了，現在發球權回到他手上，如果他喜歡妳的陪伴，他知道必須向妳求婚才能贏得妳和他共度一生。

告訴對方結婚是妳的人生規畫之後，妳就放手讓它自然發展，不要一再提醒這個話題，確認男朋友真的懂妳的心意，有時候話只講一遍反而有分量，除非兩人剛好談到「妳覺得自己五年後會在哪裡？」那妳還可以再提一次妳的結婚大計，否則不要用盡辦法確認他已經把妳想成為妻子的一番話都聽了進去。

六個月的觀察期

心靈的理由是理性所不能理解的。

——帕斯卡（Blaise Pascal）

如果交往六個月以上，妳發現兩人並沒有進一步進展，那麼發球權就再次回到妳身上，妳不能逼他求婚，但是妳可以誠懇的表達愛意，讓他知道妳想和他在一起，妳想結婚，如果這不是他想要的，告訴他妳必須一個人朝目標前進，讓他決定是要放妳走，還是要留下來愛妳、寵妳、保護妳。

如果他覺得還沒有準備好要結婚，妳要嘛放棄結婚的念頭，要嘛就離開他，把空位留給一個願意許下承諾的男人。

當妳和一個不準備娶妳的男人交往，妳是在自欺欺人，對方並不是真心在追求妳或珍惜妳，妳值得更好的對待方式。當妳知道妳得不到想要的承諾關係，些微的擔心失望或許沒有分手那麼痛徹心扉，但假以時日妳所受的折磨並不會少一丁點。

妳也許會想等久一點看看，覺得他可能還要更多的時間準備，不過交往六個月雙方都足夠了解要不要和對方互訂終身了，倒不是說他必須在這個時候立刻和妳結婚私奔，只是他必須對未來有結婚的計畫，這個未來也許是等他完成醫學院學業以後，或是等他女兒明年大學畢業再說，什麼時間不是重點，重點是他願意和妳訂定這樣的時間表。

有的男人一開始約會就告訴妳他不相信婚姻，也從來不打算結婚，很自然的妳以為自己應該順服接受，不過男人這方面有點奇怪，他們很可能一開始這樣想，但是墜入愛河以後想法又完全改變，許多男人一開始都沒想到自己會結婚，直到遇上一個讓他想共度一生的女人，他的想法才完全改變。

如果妳約會還不到半年，如何得知男人會不會想和自己定下來呢？很抱歉，妳沒有辦法知道，妳就是需要這麼久的時間去培養雙方的默契和連結度，男人需要時間才知道要不要和妳一輩子不分離，更重要的妳也需要時間，確認這個男人是否在多年以後還是一樣能帶給妳開心快樂。

結婚戒指自然出現

妳不要和可以一起生活的人結婚，妳應該嫁給那個沒有他就活不下去的人。

——佚　名

當男人不求婚，妳告訴對方自己還是要朝結婚邁進，這並不是在控制對方，而是自己多愛自己一點，控制是一種威脅命令的方法，後者只是說出自己適合過怎樣的生活，「我尊重你和我有不同的需求，但是我必須照顧好自己朝我的人生目標前進」，這句話的重點都在自己的改變，但是「如果你不娶我，我就要分手」就是著眼在對方必須為妳改變行為，用後者是沒有辦法讓兩人共同展開新生活的。

當男人了解他就要永遠失去妳時，會讓他重新思考自己對感情的承諾，他會衡量是要當一輩子的單身漢，還是要像喬琪亞的例子一樣，決定改變主意結婚去。

喬琪亞的男朋友納山不但買了戒指求婚，他還在大溪地和喬琪亞舉行婚禮，不過這種婚禮在美國沒有法律效力，他們打算蜜月後回國再去辦理結婚手續。然而納山生意上的合夥人卻要他們延期，希望他們等當時剛成立的公司穩定一點再回國辦理。喬琪亞已經和納山住在一起，不管她怎麼威脅利誘，命令加懇求要一個合法的第二次婚禮，納山就是激烈的抗拒喬琪亞的一切努力，這個問題讓他們的關係變得很緊張，幾乎要毀掉先前的感情，最後喬琪亞換了另一種方式面對問題。

「我了解你的生意很重要，我也尊重你的決定。」喬琪亞語氣平靜認真，不再大哭大叫，「但是我也知道我必須結婚才會快樂，我需要彼此的承諾，我愛你也想要成為你的妻子，但如果這不是你要的，我會接受結果並自己往前走下去。」

納山沉默了好一陣子，喬琪亞的心臟快跳到喉嚨了，幾分鐘之後納山對喬琪亞說：「最近一切發展得很順利，我並不想失去妳，所以我們要好好解決這個問題，我們在三月就去辦結婚手續吧！」

喬琪亞本來打算說到做到，就算自己因為離開納山而心碎也無可奈何，但因為她的坦白不是語帶威脅，也不含生氣的情緒，她只把注意力放在自己可以控制的改變和極限，這和之前命令式的最後通牒剛好相反。如果她的說法是「我們如果不結婚就只能分手」，納山的回答很可能就不同，面對強硬的命令威脅，人們會本能的說出氣話，這種情況只會有憤怒的反應，不會有真誠的感情，喬琪亞很誠實的說出她的確愛納山，但是她也尊重自己，面對自己最深刻的需求，所以她沒辦法和納山不清不楚的過下去。

雖然喬琪亞坦白交心的把弱點完全呈現在納山面前，但是她同時表現自己的自尊和莊嚴，這反而讓她擁有強大的力量，她並沒有因此失去納山，面對懂得如何愛自己的女人，哪個男人不會深深的受到吸引？

莫妮卡和皮特交往一年多，兩人還是分開住在各自的公寓裡，莫妮卡很希望皮特趕快求婚，不過他卻一點表示也沒有，雖然莫妮卡很愛他，但是她知道如果皮特不想結婚，她就必須離開皮特，重新尋找適合自己的男人，她打算告訴皮特自己的需求，然後硬著心腸做分手的準備。

在度過一晚的愉快約會後，莫妮卡在回家路上告訴男朋友：「皮特，我非常愛你，但是我不能一輩子這麼約會下去，我真的很希望我們的感情有所進展，如果你還沒有準備好，或者結婚不是你的目標，我可以了解，但我知道自己要什麼生活才會覺得快樂。」皮特是從來沒想過結婚這回事的男人，聽到莫妮卡的話很吃驚，他甚至把車子開到路邊停下來好好思考，然後他說：「我想結婚，而且是和妳結婚。」他第一次知道自己要什麼，甚至立刻又說：「我要妳現在就嫁給我！」

這些故事都有一個快樂的結局，我還知道很多類似的故事，因為這些聰明的女性懂得如何表達自己的意見，雖然沒有人敢擔保妳的男朋友會怎麼回答，但至少妳的機會大大的增加了。

有技巧地實現願望

到底喬琪亞和莫妮卡的方法和最後通牒有什麼不同？以下五點是討論婚姻很有效的溝通方式，妳可以用這些方法來實踐自己的期望：

◆**不要命令：**喬琪亞和莫妮卡說的都是內心最誠懇的話，她們並沒有堅持要求男人必須做出行動，也沒有拿後果做威脅。

◆**態度冷靜：**兩者的說話方式都很認真，但記住不要帶著生氣、沮喪或掛著眼淚講事情。

◆**承認妳愛他：**這樣講好像在示弱，讓妳很難開口，但是讓他知道妳當他是真命天子很重要，也許他遲遲不敢開口求婚只是怕妳拒絕而已。如果他還沒有公開對妳表示愛意妳就想和他溝通婚姻的事，妳也可以簡單的說「我想和你在一起」，這樣就不會冒不必要的風險。

◆**等待好時機：**前面提到的兩個例子都是在相處愉快的狀況下提起這個話題，如果兩個人剛吵完架或是已經吵了幾個星期，都不是溝通這個話題的好時機。

◆**接受結果：**喬琪亞和莫妮卡都準備好要放棄一段她們原先很珍惜的感情，她們想給自己一個機會找到真正想要的人生，如果沒有這個認知，她們所講的就變成一種控制的手段，而不是真情的告白。

在妳和男朋友做類似的溝通之前，妳也要找個好時機，想想妳應該用怎樣的字句，然後要保持態度冷靜。

最重要的是萬一對方不打算承諾，妳必須接受事實的放棄這段感情，如果妳說到卻做不到，你的男朋友在某種程度上會覺得妳口是心非，以後再也不會把妳說的話當一回事，反正妳只是說說而已，結果也沒什麼不同。

表達立場之前妳需要做好心理準備，妳很可能一次又一次打消開口的念頭，妳也許和男朋友相處正愉快，萬一他不打算和妳定下來計畫未來，難道這些歡樂時光從此煙消雲散？到時候兩人的關係會變得緊張，所以想要不失尊嚴的表達需求，其實需要很大的勇氣開口，只要妳找到勇氣，如願的可能性就會大大增高。

當妳說出想要結婚的念頭，萬一對方沒有意願，妳就要表示理解並自行離開，妳的男朋友聽到這樣的表白還不打算娶妳，妳再留下來交往就是自己在欺騙自己，妳的自尊和他對妳的看法都會跟著降低，所以切入這個主題雖然要抱持著最好的希望，但也要有最壞的打算才可以。

再給一次機會

如果結婚的事妳已經和男朋友提過了，而且幾乎成為兩人爭吵的源頭，妳一定在思考應該怎麼重新提起這個問題，光是這點就足以讓彼此的感情惡化，火上加油恐怕不會有什麼好結局，如果妳一直對男朋友滔滔不絕，諷刺或批評他沒辦法給承諾，兩人的關係本來就很緊張了，那妳必須先改變自己的行為，在開口老調重彈之前先順服一個月，緩和彼此緊繃的關係。

利用這三十天做一個可愛順服的伴侶，即使有時候覺得生氣或害怕他永遠不肯娶妳，妳都要表現信心，告訴自己一切不會有問題，妳要給這段感情一次機會，想一想當初兩人都希望和彼此在一起是什麼心情。

在這個月請以男朋友的尊嚴為優先，向他道歉之前對他不太尊重，但避免懇求、批評或控制他，我不是建議妳每天晚上煮他最愛吃的菜，或是替他選一件禮物給他驚喜，這不是妳能夠天天做到的行為，最終只是讓自己更生氣，妳應該要把心力集中在自己做得到的事情，讓自己成為兩人關係中較和諧順服的那部分，這樣當妳準備和對方談談自己真正的需要時，婚姻才有可能被列入考慮。

一個月聽起來並不很長，但已經足夠讓妳的男朋友看到未來和妳生活可能是什麼樣子，也足夠讓他忘記一個月之前曾經有過哪些不愉快的爭吵，一個月足以奠定穩固的基礎，讓兩人有個快樂美好的結局。

不要相信聊勝於無

我們都聽過某些婦女和情人交往或同居八、九年，對方就是沒有娶她，假設女方是真心想嫁，她就會怪自己遇人不淑，碰上一個不負責任的壞男人，但其實女方自己也有責任，當她對人生的期望無法達到時，她背叛了自己的心願選擇繼續和男方在一起，在交往六個月左右她就可以自行判斷去留，所以如果妳和男朋友同居了九年卻沒有任何進展，妳就和我以前常犯的錯誤一樣：抓住某樣不適合自己的東西卻不放手，因為總覺得有東西在手總比沒有好。

這讓我想起一個在野外抓猴子的方法，就我所知，只要簡單的準備一個箱子和一個葡萄柚，當猴子看到箱子裡的葡萄柚，牠會把手伸進箱子的小洞去抓住葡萄柚，可是箱子的洞口比葡萄柚小，於是抓著葡萄柚的猴子就沒辦法把手伸出來。一旦猴子抓到東西，牠是絕對不會放手的，抓猴子的人就可以輕鬆的手到擒來了。

繼續和不適合的對象交往也是這樣，妳覺得有總比沒有好，於是就像猴子緊緊抓住箱裡的葡萄柚一樣，殊不知這其實是個陷阱。我們可以想像結婚是多麼的幸福美好，可惜我們永遠體驗不到，這真教人發狂，毅然離開或許好像跌入地獄一樣痛苦，不過那都是暫時性的，妳必須釋放自己，花時間精神對自己好一點，這樣才能吸引一個想和妳結婚過一生的男人。

不要擔心花一輩子時間好像也找不到對的人，至少妳就花了很長的時間才遇到眼前這個不太適合的男人，但如果妳照這本書提過的訣竅去試試看，妳會發現找到真命天子並不需要那麼久的時間，外頭有許多單身漢等著認識妳，只要妳愈快結束沒有未來的感情關係，妳就可以愈快開始和他們約會，享受戀情發展的可能性。

也許妳比較想待在一段雖不滿意但勉強可以接受的感情，畢竟這比和新男人約會的風險低一些，不過和一個無心和妳結婚的男人長年交往，妳到最後會付出極大的代價。順服的單身女性會有離開的勇氣，她知道自己應該放棄不能給自己帶來快樂的男人，這是她唯一可以自己做到的改變。

越是強求越難如願

派蒂和麥特交往快五年了，她對麥特一直沒有表示感到很沮喪：「我一直告訴他，他最好要替我準備結婚戒指。」顯然麥特還是沒有做任何表示，他不想被別人逼著去買一個戒指。

麥特的確想和派蒂計畫長遠的未來，包括他立下遺囑，萬一發生什麼意外讓派蒂有所保障，他也領養了派蒂的女兒，但因為派蒂一直嘮叨著結婚，反而讓麥特不想提這件事，也許他其實不排斥，只不過他想用他自己的方式在適當的時間來討論終身大事。派蒂的嘮叨讓他找不到適當的時機求婚。

後來派蒂了解自己讓麥特大失男性威風，他根本不可能在被逼的情況下向自己求婚，於是派蒂決定要退一步等待，為了彌補過去一直想控制對方的行為，現在她改成只注意男朋友優秀的一面，避免再提到婚姻、求婚、戒指，或其他相關的事，她了解自己年復一年的絮絮叨叨反而阻礙了好事成真，現在她想反其道而行看看有沒有用。派蒂決定等幾個月看看再說，結果才一個月麥特自己就在早餐時間提到結婚的主題，他很肯定的說：「我相信我們不需要訂婚訂那麼久對不對？」派蒂只是簡單的對他微笑，對突如其來的轉變覺得很驚喜，這樣的反應讓派蒂願意再繼續順服兩個月看看。

果然到最後麥特單膝跪下，請求派蒂嫁給他。

如果妳感覺男朋友的確有和妳結婚的計畫，妳也曾經威脅利誘的想快點結婚卻沒有效果，請試試放下結婚的念頭，讓自己淨空至少三個月，學習順服，不要想控制結果，妳很可能戲劇化的得到之前努力半天都求不到的東西，一旦妳停止控制對方，他才有時間和精神做出自己的決定。

有些時候需要等待

梅姬對於自己和丹尼爾的未來有些迫不及待，她從之前的談話知道丹尼爾百分之百的愛自己，不過他正在全力拿法律學位，所以梅姬決定憑直覺再等他兩年完成學業，梅姬覺得丹尼爾值得她賭一下，當丹尼爾從法學院畢業，他不但向梅姬求婚，還感激她一路相隨的耐心等待。

梅姬的決定對兩人來說都有好處，它不但讓丹尼爾可以專心唸書而不怕失去梅姬，梅姬這兩年也可以放輕鬆享受男女朋友的關係，而不會拿結婚的問題去彼此找麻煩，兩年後丹尼爾甚至比以往還更愛梅姬。

妳也許在想自己的情況是否和梅姬一樣值得等待，在妳決定以前，妳可以和妳的感情導師聊聊看，聽聽她對這段感情的意見，如果妳覺得和對方未來一定會有美好的婚姻生活，妳就問自己需要等他多久時間，再看看實際生活中能不能等他那麼久，自己對感情停滯不前的忍耐度大概到哪裡，最後還要記得在等待對方的時間也別忘了要好好愛自己（梅姬在這兩年並沒有替對方付學費，也沒有和他住在一起）。

等待一個男人，到最後他卻不想結婚會讓人很失望，如果妳會覺得憤恨不平，那就不要嘗試這種賭注，妳最知道自己的情況，妳會知道怎麼做才對。

有時候成為一個丈夫的想法會刺激男人在工作上力求改變，如果妳的愛人希望先完成學業或找到新工作才結婚，他也許正在替自己當新郎作準備。肯尼的故事就是這樣，他的未婚妻凱布薇拉發現肯尼在婚禮前一天離職簡直嚇呆了，不過肯尼看起來相當堅決有自信，他說老闆一直占他便宜，這份工作既沒有挑戰性又沒有成長空間，讓他工作得很窩囊。肯尼對未婚妻說：「在那裡工作我沒有辦法成為一個值得妳愛的男人，我希望在工作上表現更好、野心更大，這樣才可以當一個更好的丈夫。」

如果妳的男朋友也希望在事業或學歷上有所突破才對妳許下承諾，他真的可能是為了結婚作準備，而不是想逃避婚姻，唯一判斷的方法就是仔細的聽他說，同時觀察他的表現。

順服的單身女性知道自己不能控制求婚時間表，她也不會去試，頂多給自己設定一個能夠接受的極限，並同時好好愛自己。她會有勇氣憑自己的直覺而行，她知道最後一定可以找到自己一直想要的感情。

結語

順服的奇蹟

The Miracles of Surrendering

愛治癒人類，
不管是給予者或接受者都同時受益。

——閔寧傑博士（Dr. Karl Menninger）

則，到最後都找到浪漫的戀情，以下是一些我見證的實例：

◆一位好幾年沒約過會的女性在絕望之下很不情願的參加線上交友服務，很快的她就得到許多邀約，她接受了其中一些對象，現在她又開始約會，而且因為她記得要順服，所以約會的結果和以前都不一樣。她覺得自己漂亮有自信，突然之間身旁就圍繞了一堆男人，不光是從交友中心認識的，連周遭男士也對她展開追求，這是幾年來第一次覺得自己是約會的要角，她很喜歡這樣的感覺。

◆一位女性原本排除和朋友介紹的男士約會，因為對方不夠高，當我們鼓勵她保持心胸開放，她發現自己很喜歡有對方陪伴，兩人也開始穩定的約會。她還曾經想打電話給對方希望消除不安，想問什麼時候可以再見面，但後來她想想還是忍住沒有打。她回來報告：「對我來說真是很難做到，我以前從來不曾這樣順其自然的交往，不過我竟然覺得比以前還要踏實快樂，雖然有時候難免害怕，很想去控制感情發展，但是我還是順服了，現在我有一段像童話故事般的浪漫戀情。」

◆一位離了兩次婚的女性已經不相信有什麼好男人值得再愛了，不過她還是想宣告自己單身，希望能找到微乎其微的愛情。她開始用順服的方法約會，九個星期以後她把一次相親約會變成很棒的戀情，第一次約會的時候本來她想一直說話，但是她記得要沉默。她告訴我：「這是有史以來我和男人相處那麼久，而且感覺最舒服的一次，妳只要和一個好男人坐在房裡五分鐘，就知道之前妳從來沒有遇過好男人。」而她的男朋友是這樣稱讚她的：「妳讓我知道女人原來是可以溝通的，我還以為女人只會想控制男人。」

◆一位學員開始學著對每個男人微笑，就這樣認識了現在的未婚夫。「雖然我已經五十五歲了，又離過幾次婚，我的感覺好像之前沒有談過戀愛，我重新學會玩樂和大笑，而不去想著控制交往關係，這種感覺真是太好了！」

◆一位很早就開始順服的學員過了很久才認定她的真命天子，她回來告訴我新婚八個月來的生活有多麼美好，我取笑她：「記得去年妳還不確定他是不是那個對的人呢！」她看起來很驚訝：「我有說過嗎？我簡直不敢相信！我現在不會這麼想了，他絕對是為我而生的完美男人。」

許多婦女表示當她們開始順服以後，感情的進展似乎比以往她們習慣的速度慢，這也許是因為她們不再趕著進行下一個階段來減緩內心的害怕。

看到學員們在順服以後的結果是如此美妙，我雖然不特別驚訝卻也覺得很神奇，她們不但吸引許多好男人的注意，而且還發展出很好的男女關係，新感情幫助她們治癒舊傷口，有些人甚至不曉得自己有過這些傷痕，真命天子的出現帶來她們最需要的特質，成就完美圓滿的生活。

舉例來說，有位女性因為過去的失望經驗導致她下意識的認為，只有性才留得住男人，所以她總是利用性愛和男方保持交往聯繫，所以當她男朋友幾個月以來都不和她有性接觸，希望認真看待這段感情，花時間多了解她一點，反而讓她無所適從，難道他是同志或是對自己沒興趣？可是他的言行舉止明明已經是為她瘋狂了，但是他卻又決定要放慢腳步談戀愛？

她告訴我：「我一方面迫不及待想和他上床，但另一方面我又知道自己還沒準備好，要我先試著了解他才和他上床，這個想法反而讓我害怕，我從來沒想到會有男人腦子裡不是裝滿性，寧可和我先相處看看。他讓我知道即使沒有性愛，我還是一個值得男人愛的女人，我做夢也沒想過這種事會發生在我身上，但現在我知道這才是我所要的關係。我正在學習做個老式傳統的女孩，這是我以前所沒有的體驗。」

另外一位女性則是擔心約會的時候全部由男方付錢很不好意思，她知道對方並沒有很多錢。「他一拿信用卡出來刷我就很擔心，我知道他會負債一陣子，所以我忍不住提議讓我分攤一點，結果他只是向我微笑，說一切他處理就好，因為我值得這一切……我聽完開始哭了起來，我從小被教育時時刻刻都要能照顧自己，結果我其實不需要一直那麼堅強，我已經四十一歲了，我從來不知道自己值得某人用心的對待、照顧我……直到現在我才有這麼棒的體驗。」

另外還有一位習慣自己照顧自己的女性朋友和新男友開玩笑，他們兩人幾乎都在一起，那為什麼不住在一起算了？結果她男朋友回答：「我很樂意和妳住在一起，但是我覺得妳不會習慣和別人一起住，我希望妳過得很自在。」她聽了以後感動得說不出話來，她從來沒有遇過這麼體貼入微的男人。她以前的確提過沒有結婚就住在一起會怪怪的，可是她沒想到男朋友還記得此事，而且願意認同她的看法。「他不是只想著自己要什麼，而是想著怎麼樣讓我覺得安心快樂，這讓人多麼放心。以前我總以為要保護自己，但現在有人把我當成最寶貴的東西在守護呢！」

這些女性原先以為自己的價值只是性愛或獨立自主，或者對別人要心生警戒，後來她們遇到適合的另一半，讓她們相信以前她們不敢相信的另一面，每個故事中的女主角原先都有偏見和傷口，後來都被新的愛情融化而痊癒，所以我說這實在是一件神奇的事情。

有些婦女覺得順服會終結她們已經投入的感情，例如有位女性覺得對方在利用自己，她給自己五個月時間做改變，多愛自己一點，表達自己的渴望，樂於接受男朋友的示好，沒想到才過了兩個星期男朋友就坦言不愛她，她回頭想想這段感情，才發現自己的生活一直圍著男朋友轉，從第一次約會開始她就以男朋友為優先考量，所以她陪對方去看足球賽，「我想我對他而言只是一個很方便的伴侶，一直到我決定也為自己考慮，他就開始覺得我很麻煩，像這樣的男人並不是我想要的。」雖然分手讓人失望，但她了解順服幫忙剔除了一個不適合的對象。

幸運的是從學習順服的第一天開始，妳的女性魅力就會漸漸增加，因而吸引很多對妳有好感的男士，即使妳和不適合的男朋友分手，妳還會有很多新的機會，妳也不需要把每個順服的原則練習得很純熟才能享受到它的好處，我有一個朋友遇到一個男人才開始突破心防，她告訴我：「我真的很努力宣告自己單身，但還是有些彆扭做不好，不過沒關係，他已經決定要追到我，那種感覺好極了，我喜歡聽他說他已經等我一輩子了，他告訴我他有多愛我，我又是多麼漂亮，雖然有時我面對稱讚還是會坐立不安，但是我盡量讓自己優雅的接受他的示好。」她接受對方最大的一個讚美就是樂於順服的答應求婚。

順服的約會最大的好處就是儘早建立良好的相處習慣，這對以後維持一個快樂持久的婚姻會有極大的貢獻，我知道再也沒有比順服更好的方法，它不但可以防止離婚，還可以保持婚姻的熱情和親密，妳唯一要做的就是放棄控制自己不能掌控的事，換句話說妳只能控制自己一個人。

我知道這聽起來像遙不可及的夢想，但是在我的工作坊已經有數千名妻子從中獲益，我發現一般夫妻因為順服而克服生活中各式各樣的衝突，只要先生是個好人，太太又不會想控制他，夫妻就可以把婚姻經營得穩定又快樂；我看過很多夫妻解決了生活中的小煩惱，像暫時的失業、住在狹小的居所，或是工作忙亂到生活失調，我也看過許多夫妻遇上似乎難以克服的困境，像是嚴重的財務危機，疾病或是失去一個小孩等等，但是他們都能找到相互陪伴，堅定相持的力量，繼續維持婚姻的溫暖和親密。

妳也可以找到一個適合自己的男人，並和他共同發現這一切美好的體驗——現在就開始順服吧！

國家圖書館出版品預行編目資料

單身女子必修的 27 堂課／蘿拉 · 朵依爾（Laura Doyle）著；陳彬彬譯 . -- 修訂一版 . -- 臺北市：原水文化出版：家庭傳媒城邦分公司發行 , 2019.01
面；　公分
譯自 : The surrendered single : a practical guide to attracting the man and marrying who's right for you
ISBN 978-986-96922-7-4(平裝)
1. 擇偶 2. 女性心理學 3. 兩性關係

544.31　　108000979

單身女子必修的27堂課【修訂版】

The Surrendered Single

作　　者／蘿拉 · 朵依爾（Laura Doyle）
譯　　者／陳彬彬
企畫選書／林小鈴
責任編輯／潘玉女

行銷企畫／林明慧
行銷經理／王維君
業務經理／羅越華
總 編 輯／林小鈴
發 行 人／何飛鵬
出　　版／**原水文化**
台北市民生東路二段 141 號 8 樓
電話：（02）2500-7008　傳真：（02）2502-7676
E-mail：H2O@cite.com.tw　部落格：http://citeh2o.pixnet.net/blog/
發　　行／英屬蓋曼群島商家庭傳媒股份有限公司城 邦分公司
台北市中山區民生東路二段 141 號 11 樓
書虫客服服務專線：02-25007718；25007719
24 小時傳真專線：02-25001990；25001991
服務時間：週一至週五上午 09:30 ～ 12:00；下午 13:30 ～ 17:00
讀者服務信箱：service@readingclub.com.tw
劃撥帳號／ 19863813；戶名：書虫股份有限公司
香港發行／城邦（香港）出版集團有限公司
香港灣仔駱克道 193 號東超商業中心 1 樓
電話：(852)2508-6231　傳真：(852)2578-9337
電郵：hkcite@biznetvigator.com
馬新發行／城邦（馬新）出版集團
41, Jalan Radin Anum, Bandar Baru Sri Petaling,
57000 Kuala Lumpur, Malaysia.
電話：(603) 90578822　傳真：(603) 90576622
電郵：cite@cite.com.my

內頁設計／吳欣樺
內頁排版／陳喬尹
製版印刷／卡樂彩色製版印刷有限公司
修訂一版／ 2019 年 1 月 28 日
定　　價／ 330 元

ISBN　978-986-96922-7-4

Published in agreement with Baror International, Inc., Armonk, New York, U.S.A. through The Grayhawk Agency